神權秩序

信仰的權柄遺緒——廢墟中矗立的

從多神論到基督建構
宗教如何完成一場文明權力結構的轉移

謝奕軒 著

帝國崩塌後，信仰悄然接手治理的空間
從苦行到法條，宗教成了制度的延續者

目 錄

序言
權力沉沒之後：
信仰如何重塑歐洲文明的核心　　005

第一章
信仰的建制與秩序的想像：
多神體系與帝國身分的交織　　009

第二章
信仰鬥爭與赦令政治：
基督教合法化的曖昧邊界　　035

第三章
教派的帝國戰爭：
從信經到權力協議　　061

第四章
教會機器的誕生：
治理體系與社會滲透　　083

■ 目錄

第五章
信仰跨界：
蠻族政治與教會資源的交換　　　　　　　　　105

第六章
苦修與社會對立：
修道生活的階層語言　　　　　　　　　　　127

第七章
聖地與朝聖：
信仰空間的建構與重寫　　　　　　　　　　157

第八章
信仰與律法：
從查士丁尼到方主教的法理攻防　　　　　　185

第九章
神異與社會控制：
夢境、幻覺與魔鬼的編碼　　　　　　　　　213

第十章
教會之後：
信仰、記憶與中世紀世界的再鍛造　　　　　241

序言
權力沉沒之後：
信仰如何重塑歐洲文明的核心

當愛德華・吉朋（Edward Gibbon）在其不朽鉅作《羅馬帝國衰亡史》中回顧帝國沒落的深層結構時，他明確指出基督宗教的興起並非單純的信仰演進，而是一場文明權力結構的轉移。帝國崩潰之際，一種全新的秩序悄然興起，它不靠軍隊、不靠稅收，而是靠語言、聖典與神的敘事重塑了歷史的地平線。正如吉朋所批判揭示的，信仰在政治無序中取代法律成為治理的準繩，也在歷史失憶中成為記憶的唯一鍛造者。

本書以吉朋的問題意識為出發點，並延伸其歷史詮釋的鋒芒，探究在帝國瓦解後，基督信仰如何不僅成為靈性寄託，更演化為法理規範、社會制度與文明認同的來源。我們不將宗教視為超歷史的絕對真理，也不簡化其為群眾麻醉的工具，而是在帝國的廢墟中，尋找信仰如何接手治理、如何統一分裂、如何重新配置空間、時間與身分的深層機制。

本書共分十章，從修道制度的實踐層面切入，探討曠野修士如何成為靈性追求與苦行理想的象徵；並進一步描繪修

序言　權力沉沒之後：信仰如何重塑歐洲文明的核心

道院在歷史演進中的組織轉型，從財產管理、地權經營到與地方政權的互動協調，揭示教會如何逐步融入社會結構、形塑地方秩序與宗教生活的重心。進入聖地與朝聖章節時，我們看見空間的神聖化不只是象徵操作，更是以視覺重複與主教勢力對峙的現實戰場。

隨後，書中轉向法律與神學語言的糾纏，追溯從《查士丁尼法典》到地方主教庭的管轄戰爭，揭露信仰如何滲透法條，甚至在性道德與財產繼承中成為社會規訓的邏輯。夢境、異象、神諭與驅魔，並不僅是邊緣現象，而是教會在感知結構中確立詮釋權的象徵領域。而在教會記憶制度的形成過程中，聖徒傳記、教會學校與視覺文化共同打造出一種持續再生的歷史。

最終幾章則直面一個關鍵命題：基督教如何參與國族的形成？我們討論語言的統一、信仰地圖的再現秩序，以及宗教節慶如何制度化帝國遺緒，最終指出信仰記憶如何轉化為歐洲文明的歷史核心。換言之，本書關心的不是宗教信仰本身，而是信仰制度如何替代帝國體制，如何建構文明的文化母體。

本書的寫作，建基於吉朋的歷史批判傳統，但不止於其啟蒙時代的理性批評。我們力求在結構分析與文化解釋之間，重新找回一種深層歷史學（deep history）的視野。信仰從未只屬於祭壇，它也鑄進了王權、流入了法律、滲透於民

俗、深埋於記憶。若說帝國之衰是權力的鬆動,那麼宗教之興則是敘事與制度的再鍛造,歐洲文明的軸心轉移,正是在這一過程中悄然完成。

願本書成為理解這一歷史轉折之起點,也讓我們重新認識那段由信仰所構築的歷史長夜,以及其中所隱藏的光。

■序言　權力沉沒之後：信仰如何重塑歐洲文明的核心

第一章
信仰的建制與秩序的想像：
多神體系與帝國身分的交織

第一章　信仰的建制與秩序的想像：多神體系與帝國身分的交織

第一節　多神體系中的國家認同

在羅馬帝國尚未基督化的年代，信仰並非私人內心的靈性經驗，而是一套深植於國家、城市與家戶制度之中的公共規範。它不是超越的，而是編入政治與社會生活的日常實踐。多神體系因此不是宗教的混雜代名詞，而是一種精心建構的帝國架構——羅馬世界正是藉由對諸神的崇敬與分類，完成對疆界、身分與秩序的再製。

國家主神朱比特（Jupiter）不僅象徵權威與法律，更實際地介入軍事決策與政權合法性的運作。從共和晚期起，每一次重大選舉、戰爭與元老院決議，幾乎都需由觀兆官觀察天空中的飛鳥，解讀神明意志，再以儀式形式予以確認。神明的沉默被視為否定，鳥類方向則被詮釋為允准，國家的律法與戰略，因此成了對神祇旨意的世俗延伸。宗教不是皇權的外衣，而是權力生成的一部分。

這種制度化的神明分層不僅限於國家層級。城市有其主神，家族有其守護神。佩那提斯（Penates）與拉爾（Lar）這些家庭神靈，不僅象徵祖先庇護，更是羅馬人每日生活中的情感核心。他們的神龕安放於廚房與門廊之間，與火爐和穀物並列，表徵著家庭與糧食的神聖連結。當一名羅馬男孩穿上成年長袍時，他必須向家庭神祇獻祭，以示進入成年身分的

第一節　多神體系中的國家認同

合法性。這些儀式不僅重申了個體與家族的結合,也深化了家戶與國家的象徵重疊。

而在更大的空間尺度上,神廟的分布與節慶的設計則強化了帝國的地理邊界與政治認同。無論在不列顛北境的哈德良長城,還是北非的大萊普提斯(Leptis Magna),羅馬帝國所到之處必伴隨神廟與祭壇。朱比特神廟、戰神復仇者神廟與勝利女神祭壇標示著羅馬秩序的降臨,也暗示著被征服地區對神意的臣服。節慶日的凱旋式、戰俘遊行與公共饗宴,不僅是軍事的展演,更是宗教主權的重新確立。

羅馬對外神明的態度亦顯示其統合邏輯。面對來自小亞細亞、埃及、敘利亞等地的異族神祇,帝國往往選擇吸納與轉譯。伊西斯(Isis)被重新包裝為「羅馬婦女之神」,密特拉被軍團擁戴為男性忠誠與苦行的化身,甚至連西比拉的神諭也被編入官方儀典,納入國家圖書館之中。這種對異神的再建構,使得羅馬的宗教秩序既可延展至多元疆域,又能保持中心控制。神明的包容,是一種主導式的文化協調,而非平等的多元共存。

然則,在這套看似穩固的宗教體系下,帝國身分的邊界其實並不穩定。羅馬公民的資格雖與祭神儀式有關,但非全然取決於信仰意圖。異教徒若遵守公共儀式,也可被容納於帝國之中;反之,即使信仰朱比特,若不參與公共生活,也將遭到懷疑。換言之,宗教在羅馬並非「信什麼」,而是「做

第一章　信仰的建制與秩序的想像：多神體系與帝國身分的交織

什麼」的問題。信仰行為成了政治忠誠的表徵，這也使宗教儀式具備了高度的政治風險與控制功能。

這樣的宗教架構最終不僅建構了帝國的合法性，也形塑了帝國「自己是誰」的想像。在元首時期的官方語言中，「羅馬人」一詞常與「諸神的後裔」、「守護神的子民」並用，宗教話語不僅維繫過去的傳承，也正是皇權再生產的土壤。而這樣的宗教性羅馬身分，並非靜止不變，而是隨著戰爭、擴張與文化接觸不斷再製與調整。

赫拉克利烏斯以前的帝國，就是建立在這樣一種廣域神權網絡之中。從朱比特的至高指示，到拉爾的家庭守護，羅馬人活在一種被神意包裹的現實秩序之內。而這樣的秩序，不僅使國家有了神聖性，也讓政治有了宗教的延展空間。信仰是統治的鏡子，更是身分的編碼系統。在多神體系中，羅馬人之所以是羅馬人，不僅因其語言與法律，更因其在神明面前的角色與參與。

但這樣的系統，正如帝國疆界般，終將受到挑戰。從基督教的興起開始，這套建立在諸神平衡與儀式行為上的身分建構體系將面臨前所未有的撼動。而這，正是信仰如何從秩序的基礎，轉變為挑戰者與顛覆者的歷史轉折。羅馬不再僅是多神之邦，而將走向單一神祇的統治秩序，而在這之前，帝國所賴以維繫的國家認同，正是以神祇之名構築的那一整座文化金字塔。

第二節
從儀式到控制：宗教行動中的公共性與服從

在羅馬帝國的宗教實踐中，信仰從不是私密的靈性領域，而是直接嵌入公共空間與國家治理的工具。從祭司的設置、節慶的安排，到儀式的規格與服儀的設計，每一項宗教行為都是一種政治語言的展現。信仰的行動性遠比信仰的內在性來得重要。透過儀式行為的重複性與空間布局，帝國在群體中塑造了一套可見、可控、可懲的服從架構。

在共和晚期與元首制初年，國家最高宗教職位之一的大祭司（Pontifex Maximus）即由執政者親自擔任。此職不僅象徵神人之間的中介，更代表國家對神意詮釋的壟斷權。在每一場凱旋式、葬禮、建廟或選舉前，祭司需經由占兆與解卜來確立正當性。正如歷史學者 John Scheid 所指出，羅馬人的宗教是行為的而非信念的，神不審查人心，只看行為是否得體。因此，儀式的正確執行比信仰的虔誠更重要。

這種著重形式而非內涵的宗教性，使羅馬的信仰制度具備高度的規範性與懲罰性。例如：在普隆提福人（Pontifices）集會中，若某位公民未按時參與國家祭典，或在儀式中言語不敬，可能即被視為違反神聖秩序，遭到處罰或剝奪政治權利。此類案例不乏其人，如西元前 59 年，執政官克拉蘇（Crassus）因在公共祭祀中講話插科打諢，被宗教法院警告，

■第一章　信仰的建制與秩序的想像：多神體系與帝國身分的交織

顯示即便是政治高層亦不能逾越宗教規範。

而節慶則成為權力運作的核心時刻。以羅馬運動會（Ludi Romani）為例，這一為期兩週的慶典集結了戲劇演出、競技比賽、動物獻祭與公民閱兵。整個羅馬城市化為一座宗教舞臺，人民在神祇與皇權的凝視下共舞。參與即是臣服，觀看即是認同。這些儀式不僅是文化活動，更是政治服從的情緒調度。群眾在節慶中不只消費宗教情感，也被導引至共同記憶與忠誠宣示的氛圍。

帝國在地方治理中亦將宗教儀式視為治理工具之一。各行省總督抵任後，往往需主持與羅馬主神相關的獻祭儀式，並透過地方神廟重申帝國秩序。小亞細亞的以弗所、埃及的亞歷山卓等城市，皆在羅馬統治後建立大型神殿，並將當地神明羅馬化，使地方信仰納入帝國認同框架。此舉不僅有助於文化控制，也在象徵層次上改寫「何為正統」的定義。

宗教節令與農業循環的配合，則進一步鞏固了羅馬統治對基層生活的滲透。收穫祭、春耕儀式與祈雨祭典，不僅有助於地方治理，更鞏固了社會階層。農民透過參與集體祭典接受「神諭中的秩序」，而地方貴族則藉主持儀式強化其社會地位。神明成為秩序之鏡，儀式即為階級鞏固的機制。

信仰也是國族記憶的載體。透過對歷史神話的再現，如羅穆路斯建城、尤里烏斯凱撒神格化等，帝國在宗教語言中灌輸對過往的共識與英雄模型。朱比特不只是神明，更是羅

馬命運的見證者與保障者。這種「神—史」結構使羅馬人將宗教儀式視為對祖先的紀念與對未來的承諾，進而深化其對政權的認同。

但這套系統並非無懈可擊。在外族入侵、社會階級動盪與多元信仰並存的情境下，帝國開始出現儀式失靈與服從疲乏的現象。部分邊陲地區對中央祭典不再共鳴，甚至拒絕參與；基督徒的出現更直接挑戰這套以「行動一致」為核心的信仰機制。當「不參加儀式」本身成為一種身分標記時，宗教儀式的控制邏輯便面臨顛覆。

從這角度看，羅馬宗教的行動性不只是鞏固政權的手段，也反映了國家控制的邊界。當儀式不再能喚起群眾的情感回應，當服從轉為拒絕，信仰便不再是連結的工具，而可能成為裂解的開端。羅馬的宗教統治，在形式上看似穩固，在感受上卻已出現疲態。而這種裂縫，正是後來基督宗教得以嶄露頭角的土壤。

第三節
邊界與容納：多神信仰的帝國疆界策略

羅馬帝國的疆界並非僅由軍事武力所決定，它也由神祇與信仰所標示。在一個多民族、多文化的帝國架構中，宗教的角

第一章　信仰的建制與秩序的想像：多神體系與帝國身分的交織

色遠不止於精神寄託，而是一項治理策略。羅馬的多神體系允許不同民族維持其本土神明，同時將這些地方神納入帝國宗教秩序之中，形成一種「有中心的包容」。這套機制不僅穩固了邊疆地區的統治，也塑造出一種宗教形式下的政治整合。

帝國擴張至東地中海、小亞細亞與北非等地後，並未強制要求臣民改信羅馬主神，而是設法讓地方神明與羅馬神祇形成對應與融合。伊西斯在埃及成為女性忠貞與醫療之神，進入羅馬後則轉化為與瑪爾斯（Mars）平衡的母性象徵；小亞細亞的阿提密斯（Artemis）在羅馬轉化為黛安娜（Diana），神殿設計與儀式皆略作修改，使之服膺於羅馬的視覺與制度語言。這些宗教上的轉譯，形成一種柔性的文化支配，讓被統治者得以在熟悉的信仰中服膺陌生的帝國。

神殿與宗教建築亦被視為帝國形象的延伸。在各地殖民城中，帝國常興建模仿卡比托利歐三神殿（Capitoline Triad Temple）風格的建築，並將地方神殿以羅馬式外觀重修，使其成為視覺上的忠誠標誌。從不列顛的巴斯到敘利亞的帕邁拉，帝國的建築布局中無不可見這種象徵統合的用心。神殿不僅供奉諸神，更成為地方與中心對話的場域。

但這種策略並非全無代價。在宗教轉譯的過程中，原有信仰的深層意義常遭淡化，甚至扭曲，導致部分民族對帝國產生潛在反感。猶太地區即是一例。羅馬對耶路撒冷聖殿的干預與神像設置，觸發猶太人對宗教純潔性的焦慮與反抗。

第三節　邊界與容納：多神信仰的帝國疆界策略

西元 70 年的聖殿被毀，成為宗教衝突激化的轉捩點，也突顯帝國在宗教策略上的脆弱性。

此外，神祇的帝國化也形成一種新的等級秩序。主神如朱比特、瑪爾斯與米娜瓦（Minerva）享有全帝國一致崇拜，而地方神則被降格為「附屬神祇」。這種等級區分鞏固了文化權力中心與邊陲的差異，也讓信仰成為象徵社會階層的隱性語言。信誰、在哪裡祭祀、使用何種語言祈禱，這些看似宗教的選擇，其實也是身分的政治表態。

然而，正是因為這種宗教包容與控制的交錯，使羅馬帝國得以維持數百年相對穩定的邊界秩序。信仰不是疆界的障礙，而是疆界的一部分。羅馬帝國的疆域之所以能廣袤而多元，正因其創造出一種能將差異納入自身邏輯的信仰體制。這並非真正的多元，而是一種以中心為基礎的多樣性管理模式。

總結來說，羅馬的宗教政策並不單純是寬容或壓制，而是策略性的包容。它在允許信仰自由的表象下，重塑地方宗教的制度與語言，使其服膺於帝國意志。神祇與神殿，成為疆界穩定的支柱，也成為統治的鏡像。這是信仰的擴展，更是政權的滲透。

■第一章　信仰的建制與秩序的想像：多神體系與帝國身分的交織

第四節
主神與社會階層：權力秩序中的神祇象徵

在羅馬帝國的多神信仰體系中，神明不只是宇宙秩序的維繫者，更是社會等級與政治權力的象徵展現。不同神祇被指派至不同社會階層與職業群體，各階級藉由對特定神明的崇拜來界定其身分與價值，也藉此參與帝國權力的象徵語言。神明的分配與祭祀方式，實則重現了羅馬社會階層的垂直結構。

以朱比特為例，這位至高神祇象徵法律、軍事與帝國命運，其崇拜集中於元老院與皇室活動，是政權合法性的象徵來源。祭祀朱比特的神殿往往位於城市中心高地，空間上的優越性對應其神祇等級，也對應著政治精英階層的地位。參與朱比特獻祭的人，多為貴族與高階官員，而非一般平民，其儀式層級明確劃定了可進入與不可進入的界線。

相對地，像瑪爾斯這類軍神，則與士兵與軍團密切相關。軍團在戰役前會舉行獻祭以求勝利，退伍軍人也常於鄉間設立小型瑪爾斯神龕，作為紀念與庇佑之所。軍神的普及代表軍隊階層的信仰核心，也反映帝國對武力維繫的高度倚賴。而維斯塔（Vesta）女神與家庭守護神拉爾，則多見於平民與農村社會，其神龕設置於住家門廊與廚房之間，是日常生活與宗教的交會點。

第四節　主神與社會階層：權力秩序中的神祇象徵

　　這種神明與社會階層的對應，不僅展現在祭祀對象上，更深入至宗教節慶與公共空間的規劃。高層次神祇的節慶通常伴隨凱旋式與閱兵，動員城市中心的廣場與劇場；而基層神明的祭典則多為地區性活動，甚至與市場、農業週期密切相關。神祇的公共現身，等同於權力的空間實踐，也讓社會不同層級在參與中接受自身定位。

　　此外，神職的分配亦依社會階級而定。高位神廟的祭司多由元老貴族或有資歷者擔任，而低階神職如街角神龕管理者，則常為地方居民自行維持。這種制度讓宗教管理權掌握於上層階級手中，進一步強化政治統治與文化正統的綁定關係。神明不再只是神聖的象徵，而是人間秩序的延伸。

　　祭品的種類與品質也呈現階級差異。朱比特的祭典常以全牛或白公牛為獻，而家庭神明則以穀物、油脂與酒為主。這樣的獻祭規格不僅顯示財富差異，也間接確認了社會階層在神意面前的不對等關係。宗教場域中階層的再現，使得「誰能祭誰」成為一種可見的社會權力象徵。

　　在羅馬社會中，連墓誌與神龕碑刻也經常揭示出個人與神明之間的階層連繫。許多自由人或釋奴會在墓碑上刻下他們對某位神祇的忠誠，以強化其在死後世界中的位置，而貴族則藉由雕像與陵墓建築再現其與主神的親密關係。神明在墓地中的分布與形象，也是生前階級地位的延續與再製。

■第一章 信仰的建制與秩序的想像：多神體系與帝國身分的交織

然而，這套等級制度在某些宗教文化交流中也曾動搖。部分外來信仰如密特拉教，吸引了大量士兵與中下階層的信徒，並以神祕儀式與階段啟蒙方式建構出與主流宗教不同的信仰社群。這些平行體系並未正面挑戰主神崇拜，卻為社會下層提供了另一種神聖認同的可能性，進而在宗教場域中打開了階層間有限的流動空間。

整體而言，神明的形象與功能在羅馬宗教中並非中性，而是社會權力的鏡像。從神殿的高度、祭品的種類到信徒的身分，每一項宗教實踐都深刻展現社會階層的分布與再製。信仰雖看似通向神聖，實則先經過權力之路。在羅馬，多神並非混亂，而是一套有序的政治－社會語法，其中每一位神祇，都擁有其階級的座標。

第五節　宗教與性別：神聖角色中的女性能動性與局限

在羅馬多神信仰體系中，女性並未完全被排除於宗教生活之外，反而在特定神祇的崇拜中扮演重要角色。然而，這種參與並不代表性別平等的實現，反而突顯出羅馬宗教制度對女性角色的雙重定義——一方面讚揚其純潔、哺育與家庭忠誠；另一方面則嚴密限制其公共能動性與神職進入權。

第五節　宗教與性別：神聖角色中的女性能動性與局限

維斯塔女神的祭司群（Vestales）即為最具代表性的女性宗教制度。作為帝國中心維斯塔神廟的核心成員，六名維斯塔貞女由國家精選，需終身守貞，負責維護神聖火焰與舉行重要儀式。她們享有高度社會尊榮，出行有侍衛隨行，法律上可免於男性監護，甚至能介入司法申訴。然而，她們的神聖地位建構於對身體與慾望的嚴密控制，一旦失貞，即視為國家不祥之兆，將被活埋處死，象徵國家對女性聖潔的極致索求。

在其他神祇崇拜中，如克瑞斯（Ceres）與茱諾（Juno）所象徵的農耕與婚姻神性，也與女性的社會角色密切相關。農村婦女會定期舉行求子儀式，貴族婦人則在婚禮中扮演獻祭角色。這些參與讓女性在社區與家庭中維繫宗教傳統，然而，她們的神聖角色往往局限於家庭內部與生育功能，缺乏公共領導性。

神殿中的女性形象也反映出性別的文化意識型態。黛安娜雖象徵女性自主與自然野性，但其神話敘事常強調貞潔、拒婚與對男性侵犯的懲罰，實質上是一種道德規訓的投射。即使是賦予女性權能的神祇，其所推崇的典範仍以壓抑性慾、服從社會秩序為前提。

女性作為神諭傳遞者的角色雖偶有出現，如皮媞亞（Pythia，阿波羅神殿的女祭司），但其發言權須透過男性祭司轉述與解釋，語言權與詮釋權仍由男性所掌握。這種性別結構

並未因女性涉入宗教而鬆動，反而使女性的神祕性被編碼為神諭之道的一部分，而非自主發聲的可能。

在家庭宗教中，女性雖多扮演日常祭祀與傳承角色，但其主導權往往受限於父權體制。家中神龕的建設與祭祀通常由家父主導，女性負責準備祭品與執行儀式中的具體操作。即使在宗教空間內，她們的能動性多被局限於配角與輔助。

然而，在某些邊陲地區與外來信仰中，女性曾取得較多主導地位。伊西斯信仰在埃及與後來的羅馬帝國中吸引大量女性參與，並允許女性擔任祭司與儀式領導者，成為挑戰主流性別秩序的潛在空間。這些宗教常被主流社會視為異端或神祕，反映了其挑戰權力結構的潛能。

總體而言，羅馬宗教中的性別秩序是一種包容與壓抑並存的結構安排。女性參與宗教既是社會賦權的象徵，也是性別控制的機制。她們在神聖領域中的能動性多被包裹於道德敘事與政治語法中，真正的神聖權力仍由男性掌握。從維斯塔女神的貞潔，到伊西斯的神祕，女性信仰角色的歷史，不只是宗教的見證，也是權力分配的縮影。

第六節
神職與國政：祭司制度中的政治功能

在羅馬帝國中，神職制度並非獨立於政治之外的神聖領域，而是帝國治理結構的一環。祭司不只是主持儀式的宗教人士，更是參與國政的政治代理人。從共和晚期到元首制時期，祭司制度的設計、任命與運作皆與國家機器密不可分。宗教因此不只是政治的工具，更是構成權力合法性與行政秩序的制度支柱。

最高宗教職位大祭司（Pontifex Maximus）常由執政官或皇帝本人擔任。此職位不僅管理宗教儀式與曆法安排，還負責記錄神聖事件、監督神職人員並裁定儀式正當性。在奧古斯都之後，歷任皇帝幾乎都兼任此職，藉此鞏固政教合一的權威。皇帝身兼宗教與政治領袖，象徵國家法理與神意的一致。

其他如占兆官（Augures）、奉祀祭司（Flamines）與阿瓦爾兄弟會（Fratres Arvales）等，也各自負責特定神祇與儀式，並多由元老院成員或貴族擔任。神職任命往往涉及家族聲望與政治交易，祭司團體既是宗教執行者，也是元老政治的延伸場域。某些神官職甚至具終身制，擁有特權與法律豁免，形成與政治貴族重疊的權力網絡。

第一章　信仰的建制與秩序的想像：多神體系與帝國身分的交織

　　祭司的行政角色同樣不可忽視。他們負責制定節慶曆法，掌管神廟財產，監督土地與農耕相關儀式。透過管理自然時間與農業循環，神職制度進一步滲透至日常治理之中。祭司裁定節日與市集時程，間接影響經濟活動與社會節奏，亦使國家得以在看似自然的律動中實現對民間生活的規訓。

　　此外，神職制度還具備司法與外交功能。在某些宗教爭議中，祭司可召開會議進行判決，其裁定具有公權力效力；在與外邦締結盟約時，亦常由神職代表主持神聖儀式，使契約不僅具法律效力，也受神明見證。這種政教交錯的制度設計，使宗教語言在外交與法律上皆具實質約束力。

　　神廟則是政治與信仰的空間交會點。重要神殿如朱比特神廟，不僅作為宗教中心，更為國家象徵與重要公告場所。元老院議決書可於神廟宣讀，軍隊凱旋亦以神廟為終點，藉此展演政權的神聖正當性。神廟亦管理大量土地與資金，成為帝國財政體系的組成部分，其司祭與管理人員多與貴族階級重疊，進一步鞏固權力結構。

　　但這樣的政教結構也埋藏矛盾。當宗教權力過度集中於皇室，其他神職團體的功能便可能被邊緣化，導致社會對神意詮釋的多元性消失。而祭司職位的世襲與貴族化，也逐漸使其脫離民間，成為象徵而非實質的社會力量。基督教興起後正是針對這套權威結構提出質疑，強調信仰的個體性與內在性，與羅馬祭司制度的外在形式產生根本衝突。

總而言之，祭司制度在羅馬宗教體系中扮演的不是單純的宗教角色，而是一種深度介入國政的權力架構。神職人員的行為不僅承載宗教意涵，更直接影響帝國的法理、外交與行政運作。信仰在此並非超脫世俗，而是構成國家肌理的元素之一。祭司之職，不僅維繫神祇與人民的連結，也成為統治與治理的合法化機制。

第七節　異教信仰如何形塑城市空間

在羅馬帝國的都市規劃中，宗教空間從不僅是信仰實踐的場所，而是組成城市結構與象徵秩序的核心元素。異教信仰透過神殿的配置、祭壇的方位、節慶的動線與象徵性空間的創造，深刻形塑出城市的空間語法與社會節奏，建立起一種「信仰－地景」的雙重秩序。

羅馬城市的中心通常圍繞著廣場（forum），而非單一行政機構建築。廣場旁不僅有元老院與法院，亦緊鄰朱比特或主神神殿，表現出政治與宗教共同構成公共權威的空間邏輯。重要神殿座落於制高點，如帕拉丁山的朱比特神廟，象徵神權俯瞰人間；而對街的元老院則代表人間法理的對話。城市布局因此隱含了一套視覺秩序與象徵邏輯：神與法、聖與俗彼此呼應。

第一章　信仰的建制與秩序的想像：多神體系與帝國身分的交織

　　在羅馬諸多殖民城市中，神廟的設計與地點往往先於其他公共建設完成，顯示宗教空間在城市成立中的優先性。例如迦太基、梅里達與雅典在羅馬重建下，神廟與劇場幾乎為中心配置，並由宗教軸線連結主要街道與廣場，進一步控制節慶與群眾動線，使整座城市在儀式中實現秩序。

　　節慶動線亦深具城市規劃意涵。凱旋式、豐收祭與國族紀念日常以神廟為起點與終點，遊行經過的街道成為群眾觀看與集體記憶的現場。這些慶典重複地強化城市空間的政治象徵，使民眾不只是穿行於城市，而是在行進中參與信仰與權力的再生產。空間因此不再是中立背景，而是意識形態的劇場。

　　不同神祇所代表的社會群體，也在城市空間中占據其象徵位置。以戰神瑪爾斯為例，其神殿多設於城門或邊界，象徵防衛與外戰的神聖性；而維斯塔神廟則位於城市中心，代表家庭與火爐的穩定與延續。這些空間分布不僅呼應神祇職能，也形成城市秩序的隱性地圖。

　　異教信仰的地景形塑亦涉及日常生活的動線安排。許多城市的集市周圍設有神龕與小型祭壇，民眾進出市集需先獻祭或祈福，信仰行為成為經濟活動的前奏。飲食、交易、婚配與喪葬皆須與神明互動，城市生活各層面由宗教節奏所框定。

　　城市建築本身也成為神祇象徵的延伸。羅馬建築師維特魯威（Vitruvius）即指出，神殿的比例與方位需依據神祇屬性

與天象安排,反映宇宙秩序在人間的投射。神殿立面與柱式的設計、石材的選用與裝飾的主題,皆充滿神聖寓意,形成一套建築語言,使城市如同一座活的宗教文本。

然而,這樣的空間形塑亦造成對非主流信仰者的排除與壓迫。部分邊緣群體如猶太社區與基督徒,因無法公開建造大型神殿,只能聚會於住宅或地下空間,城市空間的宗教分層隱含著社會階層與宗教正統的象徵暴力。誰能在城市中「現身」,誰的信仰能被「看見」,成為權力分配的具體展現。

總結而言,異教信仰不只是城市生活的一部分,它構成城市本身的精神骨架。神祇的配置、儀式的動線與空間的象徵,讓羅馬城市在視覺上、空間上與情感上,成為帝國秩序與信仰想像的具體實踐。每一座神廟不只是崇拜的場所,更是政治忠誠與社會秩序的石造宣言。

第八節　羅馬宗教對邊疆政策的文化投射

羅馬帝國的疆域遼闊,橫跨歐亞非三洲,其邊疆政策始終不僅限於軍事防衛與行政治理,更深植於宗教與文化象徵的戰略之中。羅馬並未單靠劍與法統御邊陲,而是藉由宗教信仰的移植與重構,將羅馬性格與帝國認同投射至疆界地帶,使神祇成為治理邊陲與穩固權威的文化工具。

第一章　信仰的建制與秩序的想像：多神體系與帝國身分的交織

　　最具代表性的手段之一，是在邊境地區興建神殿與凱旋式建築，導入羅馬主神如朱比特、瑪爾斯、維納斯的崇拜體系。這些建築不僅作為宗教儀式場所，也象徵著羅馬政權的存在。例如在不列顛、努米底亞與多瑙河流域的要塞城市，均可見以羅馬神祇命名之神廟，佐以軍團營地周邊設置的祭壇，形成「武力與神明」共存的邊疆象徵布局。

　　羅馬軍團中的宗教實踐亦屬此一文化投射的一環。軍團攜帶神像、祭具與占兆器材，隨軍設立臨時神龕，以確保作戰行動受神明祝福。士兵在出征與戰後皆須舉行祭祀，鞏固對神明與帝國的雙重忠誠。這些儀式強化士氣，也作為征服後教化被征族群的文化示範，使邊疆信仰逐漸向羅馬標準靠攏。

　　此外，羅馬對地方神祇的包容與吸納政策也展現在邊境文化策略中。帝國經常將當地神明納入羅馬宗教體系，賦予其拉丁名字，甚至與羅馬神祇對應合併。例如不列顛的施蓮娜神被視為黛安娜的化身，高盧的泰烏塔特斯被吸納為瑪爾斯的地方對應神，透過名稱與儀式的整合，邊疆地區的宗教體驗得以與帝國中心產生連繫與認同。

　　這樣的文化策略亦透過殖民城市的建立進一步推展。羅馬人在新占領區設立殖民城（colonia），並以標準的羅馬城市規劃配置主神神殿、劇場與競技場，使居民在日常生活中接觸羅馬文化與神聖秩序。邊疆城市如維也納（今奧地利維也

第八節　羅馬宗教對邊疆政策的文化投射

納）、梅里達（今西班牙）與突尼西亞的提尼斯，皆見此策略之具體成效。

宗教還成為邊疆同化與分化的雙重工具。一方面，願意接受羅馬神明與儀式的地方菁英常獲得政治晉升與稅務優惠；另一方面，那些拒絕羅馬神權體系者則遭邊緣化或列入敵對勢力。例如猶太地區因反對神像崇拜而與羅馬當局長期衝突，最終導致聖殿被毀與大規模放逐。宗教因此成為政治忠誠的試金石。

在邊疆的視覺文化中，宗教象徵亦無所不在。貨幣鑄像常印有主神與皇帝共存圖像，壁畫、浮雕與陶器裝飾中亦常出現勝利女神與帝國神祇，這些日常物件成為帝國文化滲透的載體，使羅馬性格深入邊疆生活的各層面。

然而，這套文化投射策略也遭遇局限與挑戰。部分邊陲民族將羅馬神明視為強權象徵而產生抗拒，或在形式接受之下保留原有信仰核心。文化融合雖表面順利，實則可能隱含衝突與抵抗。某些邊疆地區甚至出現混合信仰現象，將羅馬神明與在地神祇合成全新角色，反映宗教融合的雙向性。

總結而言，羅馬宗教在邊疆政策中並非附庸，而是主體策略之一。透過建築、儀式、命名與圖像等文化形式，帝國不斷將其信仰世界投射至邊陲，使宗教成為帝國疆界的象徵延伸與文化盾牌。信仰不僅守護疆土，更預示疆域本身的羅馬化進程與文明化邏輯。

■第一章　信仰的建制與秩序的想像：多神體系與帝國身分的交織

第九節　從普遍容忍到針對基督徒的例外

羅馬帝國自共和晚期至帝制初期，展現出對多元宗教的高度包容性。帝國允許各地民族保留其傳統信仰，並將諸神納入官方宗教體系，使帝國成為一座信仰多元的文化拼圖。然而，這種寬容並非基於宗教自由的現代觀念，而是建立於對儀式行為、忠誠表態與社會秩序的共識上。只要異族信仰不挑戰公共秩序與對皇權的認同，即可在帝國體系內共存。

然而，這套寬容制度在面對基督教時出現明顯轉折。基督徒不僅拒絕參與對羅馬主神的祭祀，也明確否認皇帝的神聖性與公共儀式的合法性，這對於以宗教行動為政治忠誠表徵的羅馬體系而言，等同於公開反叛。基督教之所以成為例外，不在於其教義本身，而在於其對公共宗教實踐的拒絕。

早期基督徒拒絕為皇帝獻香，甚至在節慶遊行、凱旋儀式等公開活動中缺席，這種「不參與」本身即構成政治風險。羅馬並不要求信仰內涵的一致，但要求形式上的順從，而基督教的神學正好反其道而行，強調唯一真神、排他性信仰與個體良心。這使其無法如其他異教信仰般被整合入帝國的神明體系中。

因此，自尼祿時期起，基督徒逐漸從社會邊緣邁向帝國監控的對象。羅馬並未一開始便全面鎮壓，而是透過間歇性、地區性的方式進行懲治。每逢天災、軍敗或政治危機，

第九節　從普遍容忍到針對基督徒的例外

便有可能出現指控基督徒為不敬神明、導致神怒的替罪效應。最為人知的案例如西元 64 年羅馬大火後，尼祿將罪責歸咎基督徒，進行大規模迫害。

到了戴克里先與德西烏斯等皇帝時期，帝國開始制度化迫害，頒布詔令要求所有臣民公開祭拜皇帝與主神，並由地方官記錄名冊。基督徒若拒絕，將面臨監禁、財產沒收、甚至處死。這些政策反映帝國試圖以強制儀式恢復公共秩序與宗教一致，但也加速了基督教信仰的內部凝聚與地下發展。

有趣的是，正是在迫害高峰期間，基督教發展出更堅強的社群組織與信仰敘事。殉道成為信仰榮耀的象徵，地下墓穴與聚會所成為神聖空間的替代形態，宗教象徵如魚、十字與葡萄藤取代神像，形塑出一套抗拒羅馬可見性體系的文化語言。羅馬意圖排除的對象，反而在排除過程中獲得強化。

值得注意的是，羅馬並非對所有基督徒一律鎮壓。某些地區的總督採取寬鬆執行政策，尤其是若基督徒願意形式上獻祭，即可獲得赦免。這也導致信徒間產生爭論 —— 何者為真正的忠信者？何者為背教者？此一內部辯論，成為後來教會制度建構與教義界定的重要契機。

總體而言，羅馬對基督教的敵視，並非源自教義衝突，而是對公共服從邏輯的挑戰。帝國容忍神明的多樣，但不容挑戰神聖秩序的行為。基督徒的例外處境揭示了羅馬宗教政策的邊界 —— 信仰可以多元，行為必須一致。從普遍包容到

第一章　信仰的建制與秩序的想像：多神體系與帝國身分的交織

針對基督徒的選擇性壓制，正顯示出宗教在帝國治理中既是整合工具，也是脆弱的秩序線。

第十節
「異教徒」語言的形成與法理效應

在羅馬帝國初期，「異教徒」（paganus）一詞尚未具備日後所謂「非基督徒」的含義。它原是指村落居民或平民百姓，用以區別未受軍事訓練的鄉村人口。然而，隨著基督教在帝國中的逐步擴展，「異教徒」一詞漸轉變為文化與宗教他者的標籤，反映出信仰政治語言的轉向，也開啟了一條結合法制與信仰的治理邏輯。

隨著第四世紀後期基督教由邊緣信仰轉為帝國正統，「異教徒」不再是模糊的社會稱謂，而是用以界定宗教敵對者的法律與行政術語。自狄奧多西一世（Theodosius I）頒布《薩洛尼卡敕令》（380 年）以來，基督教被正式立為國教，異教儀式則被逐步定義為非法行為。這種語言轉變象徵著法律不再只是調和信仰差異的中介，而成為神學正統的實踐工具。

帝國法典中開始出現針對異教徒的條文，禁止其進行公開祭祀、參與節慶，甚至限制其在行政與教育體系中的任職

第十節 「異教徒」語言的形成與法理效應

資格。神殿關閉與祭壇拆除等行動，也常以法律名義進行，並獲皇帝明令支持。異教從被容忍的存在，轉為需依法剷除的「迷信」（superstitio），而這一轉變並非單純宗教問題，而是權力語言的再定義。

在社會層面，「異教徒」語言逐步固化為一種負面身分指涉。基督教文獻中大量出現對異教徒的定型描寫——他們被視為愚昧、崇拜偶像、淫穢不潔，這些論述不只來自神學辯證，更意圖建構一種文化邊界，使基督徒自我認同得以建立於對他者的排除之上。

這樣的語言策略也反映在空間實踐與視覺文化中。異教神像被毀，神廟被改建為教堂，祭壇被轉用為聖物置臺，信仰空間被重新命名與界定。語言的轉變因此不僅是口頭或文書上的現象，而是實質改變社會行動與空間秩序的力量。

法律與語言的結合更使「異教徒」成為刑事定義的主體。拒絕接受洗禮、毀壞教會、企圖重建祭祀活動者，皆可能被控以叛逆、褻瀆或違抗皇權之罪。這種語言轉化的法理效應，讓宗教差異不再是個人信仰選擇，而是國家懲罰系統中可加以辨識與處置的行為樣式。

同時，「異教徒」一詞的語意模糊性也為權力運作提供空間。地方執政官與教會領袖可依政治需求擴張其適用範圍，將不合作的群體或信仰行為標示為異教，予以排除或壓制。語言在此不只是表述，更是建構與管制的工具。

第一章　信仰的建制與秩序的想像：多神體系與帝國身分的交織

　　總結而言,「異教徒」語言的形成過程,正是一段從社會分類到法律刑名的轉化歷史。它揭示出語言如何參與帝國統治的知識建構,如何透過符號、法令與文化敘事,將宗教差異轉化為統治秩序的一部分。當語言與法律共構信仰現實,「異教」便不再只是另一種信仰,而成為帝國秩序下的非法存在。

第二章
信仰鬥爭與赦令政治：
基督教合法化的曖昧邊界

第二章　信仰鬥爭與赦令政治：基督教合法化的曖昧邊界

第一節　迫害的節奏與社會條件

基督宗教進入羅馬社會初期，其發展始終與迫害的陰影糾纏不清。然而，與其說迫害是一場自上而下、無間斷的鎮壓，更應理解為一種「間歇性、情境化的政治反應」。從尼祿時期的焚城指控到戴克里先的大規模清洗，羅馬對基督徒的打壓，呈現出強烈的階段性與回應性，深受社會、經濟與政治不安的驅動。

早期基督教信徒集中於城市平民與邊緣群體。他們不參與官方祭典、不認同皇帝神格、拒絕進行象徵性獻香，因此在講求公共行為一致性的羅馬社會中顯得格格不入。這種信仰行為的「不合作性」讓基督徒被視為潛在的不安因子，特別在社會動盪或天災人禍之際，更容易被作為替罪羊，成為「不敬神明」的象徵。

帝國官方雖未頒布持續迫害基督徒的統一政策，卻容許地方官員根據實際情況進行懲治。例如小亞細亞與北非的地方總督，常根據地方輿論與壓力，選擇對基督徒「問罪」，以安撫公眾情緒。這種地方性迫害的機制，反映出宗教政策並非純由中央主導，而是與地方權力、民情與社會秩序密切連動。

基督徒本身的社群特徵，也影響了迫害的施行方式。初期教會強調祕密集會、象徵語言與末世預期，這些特徵在羅

第一節　迫害的節奏與社會條件

馬政權眼中，與神祕教派與政治陰謀無異。加上基督徒拒絕參軍與軍團儀式，使其在軍政結構中被視為不忠誠分子。當帝國需要軍隊穩定與社會秩序時，這些宗教行為更被放大為國安威脅。

另一方面，基督徒之間的社經差異與宗教多樣性，也造成帝國對其政策的遲疑。部分信徒出身貴族與富裕階層，擁有社會連結與資產，難以輕易處置；而教會內部也存在教義與紀律上的分歧，導致政府難以統一辨識與打擊目標。因此，帝國選擇以高曝光、具象徵性但間歇性的處刑方式，如殉道與競技場示眾，來製造警示效果。

許多歷史學者指出，羅馬對基督徒的迫害實為一種「宗教合法性競爭的回應機制」。在多神信仰尚存時期，基督教的唯一神信仰被視為對既有神祇體系的威脅，其「排他性」構成文化秩序的破壞因素。信徒拒絕祭天、拒絕參加城市節慶，成為他者化與邊緣化的理由。這種他者標記，逐步透過法律語言與民間傳說鞏固，進而形成「應被驅逐」的社會想像。

但迫害並非一成不變，其強度與節奏隨皇帝個人信念與政治局勢而變動。如圖密善與馬可‧奧理略時期迫害加劇，反映的是政治不穩與邊疆危機下的控制需求；而安敦尼與亞歷山大‧塞維魯斯等皇帝則採取相對寬容政策，甚至容許基督徒從事公益事業，顯示帝國內部對信仰多元的策略運用。

■ 第二章　信仰鬥爭與赦令政治：基督教合法化的曖昧邊界

　　總結而言，基督徒所面對的迫害，既非單一政策導向，也非全面性壓制，而是一種深受社會情境、統治策略與信仰邏輯交織影響的政治動態。迫害的節奏是一面反映社會不安的鏡子，而非單純的宗教仇恨。它揭示出羅馬帝國在維持公共秩序與整合信仰差異間的治理兩難，也預告了未來政權與宗教必將走向制度對話與曖昧合作的新階段。

第二節　戴克里先與宗教清洗

　　進入第三世紀末期，羅馬帝國正值政治危機與經濟混亂的風暴中心，邊疆戰爭不斷、貨幣貶值、內亂頻仍，政權穩定性岌岌可危。在此背景下，戴克里先（Diocletian）於284年即位，推動全面性的政治與宗教整頓，企圖透過「神聖秩序」重構帝國中心。他的統治象徵著羅馬對基督教態度的重大轉變——從過往的間歇性懲治，邁向體系化的宗教清洗行動。

　　戴克里先採行「皇帝神格化」的全面政策，強調皇權來自神意，其個人亦為神祇地位的延伸者。為此，他重啟對傳統神明的禮儀與崇拜，強化對主神朱比特的祭祀，並重新啟動神廟制度與祭官體系，使宗教再度成為國家權力合法性的核心形式。這種宗教重建的核心，不在於信仰的靈性層次，而在於其作為政治控制工具的象徵力量。

第二節　戴克里先與宗教清洗

　　戴克里先並非一開始即鎖定基督徒為主要敵對對象，初期的統治對基督徒尚稱容忍。但到了西元 298 年，因部隊中有士兵拒絕參加軍中祭祀，帝國高層開始將「不祭神」視為對國家軍紀與忠誠的破壞。此後，在近臣伽列里烏斯（Galerius）與其他保守派將領的推動下，基督教逐步被描繪為危害帝國神意與統治結構的潛在威脅。

　　真正的大規模清洗自西元 303 年開始，史稱「大迫害」（Great Persecution）。四道皇帝詔令接連頒布：要求關閉教會、焚毀經典、解散聚會、拘捕教職人員與強制信徒祭拜神祇。拒絕從命者將面臨財產沒收、流放乃至死刑。這些命令在全帝國範圍內執行，並由地方長官嚴格施行，尤其在東部地區表現得更為嚴厲。

　　此一清洗行動的劇烈，源於戴克里先對「秩序」的極端重視。他相信宗教一致性是國家穩定的基礎，任何宗教實踐若未經國家授權即為非法。而基督徒之所以成為主要打擊對象，正是因其內部組織自主、信仰排他、行為不從，構成典型「國家之外的秩序」。

　　然而，清洗行動並未如預期統一帝國社會。部分地區官員執行消極，甚至暗中庇護教徒；另有信徒選擇表面從命、內心抗拒，形成信仰與政治的雙重語言結構。而堅持信仰者則成為殉道者，進一步在教會記憶中被神化，凝聚教內團結。

■第二章　信仰鬥爭與赦令政治：基督教合法化的曖昧邊界

　　這場清洗亦刺激教會內部進行紀律與組織重整。信徒開始思索背教與赦免的界線，教會紀律逐漸走向制度化與權威集中，主教體系強化，地方教會聯繫更為緊密。迫害反成為教會治理現代化的催化劑，為後來教會成為帝國合作對象奠定制度基礎。

　　歷史諷刺地，發動這場迫害的戴克里先本人在 305 年主動退位後，基督徒勢力反而日漸強大，至 313 年《米蘭敕令》頒布，更轉化為合法宗教。戴克里先的宗教清洗最終未能根除基督信仰，卻促成了其轉型與制度強化，使其從弱勢地下信仰走向強勢公共宗教。

　　總結而言，戴克里先的宗教清洗行動，為羅馬對信仰差異最具制度規模與政治意志的打壓實例。它不只是對宗教自由的限制，更是一場以神聖秩序為名的治理實驗，其成果既有破壞也有構建。基督教雖遭重創，卻因迫害而更清晰地界定自身身分與制度，為日後其成為帝國支柱鋪就了一條由血與火寫就的合法化之路。

第三節　君士坦丁的信仰轉變與政治盟約

　　君士坦丁大帝（Constantine the Great）在羅馬宗教史上的地位，無可取代。他不僅是第一位公開擁護基督教的羅馬皇

第三節　君士坦丁的信仰轉變與政治盟約

帝,更藉由信仰的政治化運作,奠定基督宗教邁向國教化的制度基礎。其信仰轉變並非突如其來的心靈覺醒,而是一場深思熟慮的政治盟約,其核心在於透過信仰連結,重構分裂中的帝國秩序。

君士坦丁的信仰轉變過程與其政治競爭密不可分。西元312年,他與對手馬克森提烏斯(Maxentius)在米爾維奧橋(Ponte Milvio)展開決戰。據後世教會史家優西比烏(Eusebius)與拉克坦提烏斯(Lactantius)記載,君士坦丁於戰前夢見「以此記號,你將得勝」(In hoc signo vinces),並命士兵在盾牌上繪製基督標誌,最終取得勝利。這場戰爭被基督教記憶體系形塑為「神意勝利」的象徵,象徵君士坦丁從傳統多神信仰轉向基督信仰的歷史瞬間。

然而,這場轉變更多展現出君士坦丁的政治手腕。他深知羅馬帝國在第三世紀經歷多次內亂與皇位爭奪後,急需一種跨越區域與階級的整合力量,而基督教以其高度組織性與倫理教導,成為極具整合潛力的文化資源。君士坦丁並未立即廢除其他神祇崇拜,而是採取漸進手段,容許基督教合法發展,並對教會展開政策性扶持。

在信仰轉變之後,君士坦丁迅速進行制度聯結。他賦予教會財產保護權、祭司免稅權與訴訟豁免權,並允許教會獲得沒收異教財產。此舉一方面爭取教士階層的支持,另一方面也使教會在行政與法律領域中扮演越來越重要的角色。信仰從此不

第二章　信仰鬥爭與赦令政治：基督教合法化的曖昧邊界

再只是個人靈性選擇，而成為通往政治中心的通行證。

君士坦丁亦積極介入教義爭議，透過召開大公會議來調解教會內部分歧。西元 325 年，他主持第一次尼西亞會議（Council of Nicaea），試圖統一對基督本質的認知，平息亞流派（Arianism）與正統派之爭。雖然會議結果未能徹底解決分歧，卻奠定皇權介入教會決策的先例，開啟「皇帝－教會」合作與張力並存的新關係。

君士坦丁的信仰政策並非單向支持教會，而是建立一種利益交換的制度安排。教會在獲得資源與地位的同時，也須接受皇權的干預與監督。這種合作關係，既強化教會制度建構，也使其逐步捲入帝國政治賽局，失去部分初期基督教的純潔與獨立。

更重要者，君士坦丁在 324 年統一帝國後，著手籌建新首都君士坦丁堡（Constantinopolis），將其視為「新羅馬」。在城市規劃中，他賦予基督信仰高度可見性，設立教堂、轉化異教建築為基督空間，並賦予主教特殊地位。宗教空間的重組，象徵一種權力邏輯的轉移：從舊神祇的多樣秩序，走向唯一信仰的集權結構。

儘管君士坦丁至死仍未受洗，其信仰真誠程度仍為學界討論焦點，然其政策成果卻無庸置疑。透過信仰轉向與制度操作，他成功建立起一套以基督教為中心的政治文化體制，

使信仰成為統治秩序的骨架。這不僅改變了教會的命運，也改寫了整個帝國的信仰地圖。

總結而言，君士坦丁的信仰轉變並非宗教覺醒，而是一場政治盟約。他以信仰換取整合力量，以教會換取穩定治理，奠定日後基督教國教化與帝國神權體制的歷史根基。從此，信仰不再是帝國秩序的異數，而成為其正統的語言。

第四節 《米蘭敕令》的權力算計

西元 313 年，君士坦丁與李錫尼（Licinius）於米蘭共同發布《米蘭敕令》（Edict of Milan），為基督教在羅馬帝國的合法地位劃下關鍵轉折。傳統史觀將此詔書視為宗教寬容的典範，象徵基督教從地下走向帝國容許的地位，然而，詔書背後的權力邏輯卻遠比表面宣稱的「宗教自由」更為複雜。它既是一次信仰讓步，也是一場帝國秩序再分配的精密算計。

詔書的文義表述看似中立，聲稱「一切宗教皆應自由實踐」，但實際上卻特別提及基督徒，賦予其恢復禮拜、返還教產與重建教堂的特別待遇。這顯示出詔書雖採取普遍語言，實質仍以修復基督教社群為政策核心。這種策略性的寬容，使基督教得以在「法律保護」的框架下展開復原與擴張，也為教會與皇權的進一步合作鋪設合法基礎。

第二章　信仰鬥爭與赦令政治：基督教合法化的曖昧邊界

更進一步地,《米蘭敕令》並非源自單一宗教理念,而是雙皇帝政治協商的產物。在當時東西帝國政權分屬不同皇帝,李錫尼對基督教的立場相對保留,而君士坦丁則已在西方穩固其「基督教宗帝」的形象。詔書正是二人為了建立政治聯盟所做的宗教妥協,使信仰政策成為權力分配的籌碼。君士坦丁透過詔書強化其在教會中的主導地位,李錫尼則利用宗教寬容來穩定東方局勢,雙方各取所需。

在制度層面,詔書亦為教會帶來空前的法律保障。基督徒可以在公開空間聚會,教會可主張對建築與土地的合法所有,教士享有一定程度的法律豁免權。這些改變不僅結束基督徒長期處於法律灰地帶的處境,也使教會逐步成為法律主體,具備與帝國官僚協商的制度身分。信仰從此不僅受容許,更被國家正式承認並予以編制化對待。

然而,《米蘭敕令》並未立即終結宗教緊張。李錫尼與君士坦丁日後關係破裂,雙方再度交戰。李錫尼在東方重啟對部分教士的監控與限制,反映詔書所提供的宗教寬容,在不同政權操作下仍具彈性空間。最終君士坦丁擊敗李錫尼,完成帝國統一,也徹底奠定其作為基督教保護者的形象。《米蘭敕令》雖名為共議,但其歷史成果卻為君士坦丁所壟斷,成為他進一步形塑帝國信仰方向的跳板。

詔書的歷史重要性,不僅在於對基督教的政策轉向,更在於它首次明確將「宗教自由」作為帝國治理語言的一部分。

雖然這份自由是附加於國家利益計算之上，但其文本仍提供日後教會與國家協商的論據，使「宗教空間的合法化」成為制度性權利，而非單靠君主恩賜的特權。

總體而言，《米蘭敕令》是一場披著寬容外衣的政治行動。它不只是信仰的寬恕，更是權力的策略性配置。透過詔書，宗教秩序被納入帝國法律語言之中，教會則開始走上一條由合作、制度化到最終權力分享的歷史道路。在這條道路上，信仰與權力再難分離，宗教不再只是帝國統治的對象，而是其治理邏輯的一部分。

第五節　基督徒進入宮廷的文化衝擊

《米蘭敕令》後，基督徒不再僅是地下信仰的維繫者，他們開始進入羅馬帝國的核心權力場域，特別是皇室宮廷與高級行政體系。這種信仰與制度的交會，不僅改變了教會與國家的關係，也對羅馬的政治文化與宮廷儀制造成前所未有的震盪。基督徒進入宮廷，既是一種象徵性突破，也是一場文化適應與價值衝突的深層過程。

首先，在宮廷結構中出現基督徒代表，挑戰了傳統以元老貴族與異教祭司為主的政治文化。許多教會主教與著名信徒受皇帝召見、參與政策諮詢，甚至協助擬定宗教法令。這

第二章　信仰鬥爭與赦令政治：基督教合法化的曖昧邊界

種前所未見的政治參與，讓基督教由原本的邊緣角色，躍升為治理秩序的協力者。信仰身分從個人靈性轉化為政治影響力的象徵，其話語權也隨之迅速膨脹。

然而，這樣的進入也伴隨文化張力。基督徒對於宮廷生活中的奢華風俗、偶像雕飾、傳統儀式與神祇語言，往往抱持戒慎甚至拒斥態度。尤其是祭典儀式與皇帝神格化語言，使許多教士感到信仰上的矛盾與不安。部分激進派甚至批評主教與皇室過從甚密，將教會變為政治工具，形成教會內部對「合作主義」的道德爭議。

在語言與象徵層面，文化衝擊尤為明顯。宮廷頌詞與雕像、壁畫原本充滿古典神祇與凱旋主題，隨著基督徒進入，這些象徵逐漸被修改或取代。主教進宮不再致敬羅馬主神，而是引用聖經經文；御前會議中逐漸使用基督教詞彙，將皇帝稱為「基督的僕人」而非「神的代表」。這些改變雖顯漸進，但無疑開始重塑宮廷語言與象徵邏輯，創造出一種新的政治修辭。

同時，基督徒進入宮廷也帶來行政倫理的轉變。教會強調寬恕、節制與道德操守，對傳統行政體系中常見的貪汙、賄賂與派系政治構成挑戰。部分皇帝如君士坦丁與其繼承人，開始要求官員遵守「信仰倫理」，促使帝國法規中出現更多關於道德與公益的字眼。雖然這些改革效果有限，但已可見教會價值觀逐步滲透制度設計之中。

第五節　基督徒進入宮廷的文化衝擊

不過，基督徒進入宮廷後亦出現角色分裂的現象。一方面，主教需在維護教義純潔與順應政治現實之間求取平衡；另一方面，信徒作為官僚則必須在信仰良知與政令執行間作出選擇。這種角色緊張在亞他那修（Athanasius）與安波羅修（Ambrose）等歷史人物身上尤為突出，他們既對皇權提出道德規範，也需仰賴皇帝保護教會制度。

文化衝擊最終呈現在宮廷空間的具象改造。基督教堂進入皇城內部，宮廷活動加入彌撒與主教講道；皇帝即位典禮由原本的祭壇儀式，轉為在教堂中由主教加冕祈禱。這些轉變使宮廷不再只是政治場域，更成為宗教展演的空間。皇帝角色也逐步從傳統意義上的「國家父親」轉為「基督的代表」，為帝制加入神聖化新意涵。

總結而言，基督徒進入宮廷所帶來的不只是信仰能見度的提升，更是一場文化與制度的深層碰撞。它打破了古典宗教與國家治理之間的界線，也讓教會與皇權從對立邊緣走向合作共生。這一轉變不僅改變宮廷的文化語法，更改寫了帝國政治的宗教邏輯，使信仰由此嵌入權力運作的核心，成為政治現實無法忽視的精神力量。

■第二章　信仰鬥爭與赦令政治：基督教合法化的曖昧邊界

第六節　帝國對教會資產的立法補償

在基督教逐漸成為帝國認可的信仰之際，一項關鍵性的轉變即是帝國對教會財產的承認與立法保障。此舉不僅象徵著信仰從個人靈性生活躍升為具制度身分的集體實體，也開啟了宗教資產政治化與法制化的過程，使教會成為帝國法權與經濟網絡中的一環。

初期基督徒因受迫害，多以地下形式聚會，其資產規模受限且經常遭遇沒收。至戴克里先與加列里烏斯時期，迫害高峰導致大量教堂被摧毀、祭器被查封、教士遭驅逐。隨著迫害結束，如何處理這些被奪資產成為教會與國家的談判起點。

西元 313 年《米蘭敕令》中即明文規定，被沒收的教會財產應無償歸還，且不得再任意侵占。這項規定首次將教會財產納入帝國法律語言，賦予其合法主體地位。皇帝指令地方官府歸還教堂、祭器與教會房產，不僅象徵教會地位的恢復，也為信徒提供穩定的崇拜與行政空間。

君士坦丁更進一步推動教會資產的擴張。他頒布一系列法令，允許教會接受信徒捐贈、遺產與土地置產，並將教士從某些稅賦與徭役中豁免，使教會在財務上具備獨立性與可預期性。此外，他亦撥款資助大教堂興建，如君士坦丁堡的「聖使徒教堂」與耶路撒冷的「聖墓教堂」，彰顯皇權與信仰空間之間的新型連結。

第六節　帝國對教會資產的立法補償

　　這些補償措施背後隱含著明確的政治意圖。透過財產保護，皇帝取得教會制度的合作與認同，使教士階層成為政策推動的協力者。教會在獲得經濟資源後，也逐漸發展出治理結構，如主教財產管理、教區分配與行政資源整合等，使其不再僅是信仰組織，而成為擁有物業與地權的社會機構。

　　立法補償亦產生一系列後續爭議。首先是地方執行的落差：部分地區官員反對教會復權，藉口法令模糊或藉故拖延財產返還，導致教會必須訴諸皇帝裁決。其次是教會內部因資產激增而出現權力競爭，主教與祭司對資產使用權常有爭執，甚至影響教義爭議的走向。

　　此外，信徒對財富的態度也開始轉變。初期基督徒強調貧苦與捨棄，將教會視為天國之地；但隨著資產增長，教會逐漸成為富裕象徵，引來外部質疑與內部反省。部分修道主義與苦修運動正是在此背景下興起，試圖回應教會資本化所帶來的靈性困境。

　　最終，教會資產的立法補償不只是財產歸還問題，而是一場有關權力、認同與制度合法性的重構。它使教會躍升為帝國法律秩序中的主體，也為後來教會土地擴張與經濟自主提供法理基礎。這場從補償起步的制度建構，促成教會從受害者轉變為治理合夥人，並為中世紀教會政治的興起奠定經濟根柢。

■第二章　信仰鬥爭與赦令政治：基督教合法化的曖昧邊界

　　總結而言，帝國對教會資產的補償與立法，象徵宗教不再僅以信仰之名存在，而開始進入制度與經濟的現實場域。教會的財產從此不僅是信徒的奉獻，更是法律認可的資源與權力依據，使其成為政治秩序內部不可忽視的結構性力量。

第七節
基督徒將軍與軍隊內部的信仰張力

　　隨著基督教在帝國內的合法化與制度化進程逐步擴展，軍隊這一權力核心機構亦開始出現信仰重構的現象。尤其在君士坦丁大帝之後，越來越多的高階將領與軍官公開表明其基督徒身分，此一現象不僅挑戰了軍隊既有的宗教慣例與榮譽體系，更導致內部價值認同的深刻重整。軍中信仰張力，成為羅馬軍政轉型的重要觀察指標。

　　傳統羅馬軍團以對主神瑪爾斯（Mars）的忠誠與對皇帝神格的崇拜為榮。軍營中設有軍神祭壇、軍旗被視為神聖象徵，士兵每日需向皇帝神像敬禮，戰前亦舉行占卜與祭祀。這套儀式體系不僅維繫軍隊紀律，更是整合多元背景士兵的統一性機制。

　　基督徒士兵的出現對此構成根本衝擊。他們拒絕參加軍中獻祭、不接受皇帝神化語言、在祭旗儀式中選擇退避，這

第七節　基督徒將軍與軍隊內部的信仰張力

些舉動在過往即被視為軍紀敗壞的徵兆。戴克里先時期的軍中迫害即因士兵公開拒祭而起,表明信仰衝突直指軍隊體制的核心價值。

君士坦丁崛起後情勢逐漸改變。他以基督徒將軍自居,並任用多位基督徒為親信,如維圖里努斯(Vetranius)與奈波提安(Nepotianus)等,賦予其軍政雙重權力。軍旗上出現以基督標記改編的「拉布紋章」(Labarum),以取代傳統軍神象徵,此舉雖具象徵意義,卻也引起部分異教軍官與士兵不安甚至不滿。

軍隊內部由此產生明顯分裂。一方面,基督徒軍官提倡克制、紀律與虔誠,將信仰轉化為軍德建構的新基礎;另一方面,舊有軍隊文化則堅持榮耀、勇武與神力賦權的傳統。兩種文化在軍營中並置,造成祭儀實踐的矛盾與紀律執行的多重標準。

更棘手的是軍隊內部的信仰監督與忠誠審查。隨著皇帝更替與政權動盪,軍官的信仰常被用來判斷其政治忠誠。例如在李錫尼與君士坦丁內戰期間,兩軍互控對方軍隊為異教或假信,信仰變成政治鬥爭的武器。軍人因此被迫在信仰與效忠之間作出選擇,導致信仰行為愈發形式化,虔誠難以驗證,亦加劇軍隊中「真信者」與「假皈依者」之間的不信任氛圍。

■第二章　信仰鬥爭與赦令政治：基督教合法化的曖昧邊界

軍隊中的基督徒身分亦被用以建立皇帝神授權威的神學論述。皇帝不再只是主神代理，而被塑造成「上帝的僕人與劍」，其軍事勝利被解釋為神意的展現。這套神學政治化敘事強化了皇帝的統治合法性，也使軍隊逐步納入神權政治的象徵體系之中。

然而，信仰並未自動轉化為軍事優勢。部分戰役中，過度強調宗教正當性反而忽略軍事專業，使軍隊失衡。信仰亦無法解決軍餉不足、兵源枯竭與邊疆軍閥化等結構問題。事實上，在基督徒軍官崛起的同時，羅馬軍事體系正面臨日耳曼化與傭兵化的雙重壓力，軍隊信仰轉型並未能阻止整體軍政衰退的趨勢。

總結而言，基督徒將軍的出現與軍中信仰張力，是基督教從社會邊緣走向制度核心過程中的重要篇章。它揭示信仰如何重塑軍隊價值、紀律與忠誠的定義，也顯示軍隊作為國家暴力機構，在面對信仰多元與政治介入時的深層震盪。信仰進入軍營，既是整合的力量，也是一場持續未解的張力試煉。

第八節　假皈依與信仰審查制度

在帝國逐步擁抱基督教為合法甚至主導信仰後，「皈依」成為政治語言中的常態修辭。但在這看似普遍的歸信潮流背

第八節　假皈依與信仰審查制度

後，卻潛藏一層難以檢驗的信仰真誠問題。「假皈依」逐漸成為教會內部與皇權政治間共同面對的矛盾焦點，其產生不僅揭示信仰制度化後的陰影，也暴露出制度與信仰之間無可調和的緊張。

初期基督教強調內心悔改與信仰告白，其判準多倚賴社群觀察與個人見證。然而，當教會進入法律體系、掌握土地資源與行政權利後，皈依基督教開始伴隨可觀的社會回報，如免稅、社會聲望與官職任用等，信仰遂不再僅為個人靈性選擇，而成為通往制度權益的門徑。

在此背景下，「假皈依者」（crypto-pagans）成為教會與政權警戒的對象。這類人士表面上受洗、參與彌撒，甚至贊助教堂建設，實則暗中延續異教習俗，甚至僅為政治利益而加入教會。這種行為的辨識困難，迫使教會建立一套審查制度來監督信徒的信仰真誠。

信仰審查制度主要由主教與地方神職人員主導，方法包括定期參與聖禮觀察、信仰問答、公開懺悔制度與社群監督。主教座堂成為監督中心，懺悔與赦免不僅是宗教儀式，也被用以確認信仰的「真實性」。教會甚至發展出「悔改年限」制度，要求背信者歷經長期禁食、靜默與邊緣席位參與禮拜，方得重返信仰共同體。

在國家層面，信仰審查亦與政權安全連結。部分皇帝為防範異教勢力捲土重來，授權教會調查行政人員與軍官之宗

第二章　信仰鬥爭與赦令政治：基督教合法化的曖昧邊界

教背景。信仰問卷與官職審核成為新常態，宗教履歷甚至成為升遷考量之一。這種制度化監管雖強化政教合作，卻也引發官僚內部的恐懼與虛偽競演，實質上削弱信仰倫理的內涵。

教會內部對假皈依的反應亦非一致。一方面，主教團強調「外在行為不足以為信仰之證」，要求信仰需由聖靈證實；另一方面，部分教父如耶柔米（Jerome）與金口約翰（John Chrysostom）則強調禮儀參與和懺悔實踐的重要性，認為假信者的行為將汙染整體教會純潔性。兩者間的張力，最終促成教會對信仰界線與懲罰形式的逐步規範化。

假皈依問題亦引發對「真教會」概念的神學反思。奧斯定（Augustinus）在與多納圖斯派（Donatists）的辯論中即指出，教會地上實體內無法完全分辨信與不信，唯有上帝能識真假信仰，地上的教會需以寬容包容不完美的共同體。此一論點在日後為教會提供了在政治合作與靈性要求間的神學空間。

總結而言，假皈依現象與信仰審查制度反映出基督教從邊緣信仰走向主流制度後的雙面性轉變。一方面，信仰獲得法律與社會保障；另一方面，信仰也被迫接受來自制度的懷疑與監管。制度化雖保護教會，也使其陷入真誠與實用、靈性與權力之間的拉鋸，而這場內在張力，成為教會歷史不可或缺的自我省思起點。

第九節　公共空間中的宗教象徵轉化

在基督教逐步合法化並嵌入帝國體制後，城市與社會的公共空間成為宗教權力重新分配的重要場域。教會與皇權不再僅是治理與信仰的抽象概念，而是具體透過空間實踐、視覺語彙與建築布局，重塑帝國對神聖與權威的想像。宗教象徵在公共空間中的轉化，不僅反映信仰轉型，更是文化秩序再建構的關鍵一環。

初期基督教在城市空間中往往選擇邊緣位置進行聚會，如墓窟、郊外別院與民宅內廳等，象徵著一種被排除與自我退隱的社會處境。然而，隨著皇帝公開皈依與法令允許後，教會開始進駐市中心，原屬異教的廣場、神殿與集會所被改建為教堂，原本供奉神祇的神龕則改為安置聖人遺物的聖壇，象徵神聖權力的空間主體正式轉向。

這種轉化首先展現在建築形式上。巴西利卡式教堂逐漸取代圓形神廟與多柱式殿堂，成為主導性的宗教建築。此種形式原為公共集會與司法用途，教會加以改造後，不僅賦予其神聖功能，更重塑其視覺語言：長軸式動線導引信徒由入口步入聖壇區，形成信仰進程的空間隱喻；天花板與牆面則以聖經場景與烈士故事裝飾，營造出神學教導與空間感受的交融。

第二章　信仰鬥爭與赦令政治：基督教合法化的曖昧邊界

　　雕像與符號亦歷經深刻替換。昔日羅馬公共雕像以皇帝與神明為主體，象徵權力與保護的結合；而在基督教時代，這些雕像被打碎、移除，取而代之的是十字架、聖母像與聖徒圖像。這種象徵轉換不僅意味宗教話語的勝出，也強化了教會對城市空間詮釋權的壟斷。

　　此外，公共節慶與遊行亦轉化為宗教展演。舊有的競技祭典逐步淡出，改由聖人紀念日、耶穌升天日等宗教節期取代。信徒不再圍繞神廟進行群體儀式，而是行經街道、聚集教堂，以祈禱與頌唱重塑集體記憶。這些活動改變了空間的意義，也在市民生活中植入基督信仰的節奏與節律。

　　墓園空間的變化亦具代表性。早期基督徒多於地下墓穴安葬，視死亡為末世希望之預備。隨著基督教地位上升，皇帝與主教開始選擇於聖人墓旁安葬，進而在其上方興建紀念教堂，形成墓地—聖壇—教堂的垂直結構。死亡空間由此被神聖化，成為公共記憶與宗教朝聖的節點。

　　這些轉變固然強化了基督教在空間上的主體性，卻也引發文化與階層張力。異教徒對神廟被毀、節慶被取消深感不滿，部分地區甚至爆發反抗與破壞行動。而新進信徒對過度空間神聖化亦提出質疑，認為教會正逐漸背離初期簡樸與內在信仰的理想，轉而追求視覺壯麗與權力象徵。

　　總結而言，宗教象徵在公共空間中的轉化，不僅是信仰內容的轉變，更是視覺秩序、文化權力與城市規劃的全面重

塑。空間從此不再中立,而是信仰政治的展演場。基督教藉由空間支配完成其制度建構,成為羅馬城市結構與文化記憶中不可分割的力量。

第十節　異教徒的抵抗與最後神廟的倒塌

　　宗教象徵在公共空間中的轉化,並非一場和平的過渡。隨著基督教崛起為帝國主導信仰,傳統異教信徒並未默然接受,而是展開形式多樣的抵抗行動。這些抵抗不僅反映出文化認同的失落與憤怒,更象徵著帝國宗教秩序轉變過程中的摩擦與斷裂。最終,隨著最後幾座神廟的倒塌,羅馬古典宗教正式從公共舞臺上退場,象徵一個時代的結束。

　　異教徒的抵抗表現於多層面。首先是地方層級的信仰堅持與抗命行為。許多城市居民對神廟被封、祭司制度被廢感到不滿,部分地區如敘利亞的阿帕米亞與小亞細亞的菲拉德爾菲亞等,曾出現信眾集結保衛神廟、攻擊基督徒設施的情況。在部分地區,神殿實際上仍為祭祀活動的祕密據點,教會對其祭司群體的滲透也受到頑強抵制。

　　其次是文化層面的論述反擊。異教學者與文人如尤納皮烏斯(Eunapius)與里巴尼烏斯(Libanius),以修辭與文學形式捍衛古典宗教與哲學傳統,批評基督教破壞祖制、削弱文

第二章 信仰鬥爭與赦令政治：基督教合法化的曖昧邊界

化根基。希梅羅斯在其著名的〈為神廟辯護詞〉中，直陳神廟之於城市如同靈魂之於身體，主張神廟不應隨政治變化而遭拆毀，其論點一度獲得部分官員認同。

最劇烈的抵抗來自於軍政菁英對皇帝信仰政策的質疑。君士坦丁之後，尤利安皇帝（Julian the Apostate）一度試圖恢復異教崇拜，重啟神廟祭祀與哲學教育，雖政策短暫，但其象徵意義重大，顯示異教勢力並未完全潰散。尤利安的復興嘗試，亦刺激基督教強化對異教空間與制度的剷除行動。

最終的轉折點出現在狄奧多西一世（Theodosius I）統治期間。自西元 391 年起，他發布一系列針對異教的禁令，禁止任何形式的公共祭祀、封閉神廟、取消神職與祭祀津貼，並授權地方主教與官員執行拆毀命令。這些行動在亞歷山大城與羅馬等地迅速展開，象徵著帝國層級對異教空間的系統性清算。

亞歷山大的塞拉比斯神廟倒塌成為象徵性事件。該神廟原為希臘－埃及宗教融合的象徵，其被拆除與改建為教堂，成為基督信仰戰勝多神體系的象徵。其後，羅馬的維納斯與羅馬神廟、卡比托爾山上的朱比特神殿亦陸續被轉作基督宗教用途，或遭棄置毀損。空間的再定義，最終封印了異教在帝國政治與公共生活中的最後餘響。

儘管如此，異教信仰未完全滅絕。部分偏遠地區與私人家族仍祕密延續祖傳儀式，哲學學院中亦維持對新柏拉圖主

第十節　異教徒的抵抗與最後神廟的倒塌

義與古典神話的尊重。異教從公共信仰退居私人實踐，逐漸轉化為文化記憶與學術資源的一部分，成為基督教文明發展的潛在底色。

總結而言，異教徒的抵抗與神廟的倒塌並非單純的勝敗敘事，而是一場宗教文化轉型的劇烈衝撞。公共空間的改造固然確立了基督教的制度優勢，卻也留下信仰與記憶的斷裂痕跡。這些神廟的碎石與文士的辯詞，共同構成一段關於失落與重塑的帝國宗教史記。

第二章　信仰鬥爭與赦令政治：基督教合法化的曖昧邊界

第三章
教派的帝國戰爭：
從信經到權力協議

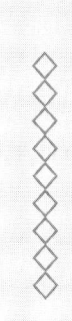

第三章　教派的帝國戰爭：從信經到權力協議

第一節　正統的定義：從多元到單一

進入第四世紀的羅馬帝國，信仰已不再只是個人的靈性選擇，而成為牽動法律、軍事與統治秩序的中樞機制。在基督教獲得合法地位後，帝國與教會即面臨一項迫切課題：何為「正統」？又誰有權定義「正統」？這些問題並非純屬神學爭議，而是關乎帝國穩定與文化控制的結構工程。在多樣教義與地方實踐中建構單一信仰語法，成為帝國與教會共同的歷史任務。

初期基督教並未存在明確劃定正統與異端的機制。不同地區、語言與文化背景的教會群體，根據使徒傳統、地方主教權威與民間敬拜習慣，各自形塑神學語彙與信仰實踐。亞歷山大學派強調靈性象徵與哲學融合，安條克學派則重視歷史語境與文本字義；敘利亞與亞美尼亞等地則保有猶太教傳統色彩。這些多元並存的教會實況，在信仰受壓迫時尚能保持相對寬容與合作，但在合法化後卻逐漸轉為內部競爭與排他。

正統的概念逐步成形，源於兩個相互交織的歷史動因。其一是內部信仰危機的升高，特別是對於基督本性與聖三一關係的解釋分歧日益明顯，構成教義認同上的根本對立；其二則是帝國對秩序與統一的需求，皇權需倚賴一套共同語言來整合各地教會與社會力量，而神學正統便成為法律秩序的延伸。

在此背景下，「正統」不再是純粹神學辯論的結果，而是歷史選擇的產物。某一學派之所以成為正統，不在於其教義

第一節　正統的定義：從多元到單一

本身具絕對真理，而是因其擁有主教多數支持、獲得皇帝青睞、符合法律實施的便利性。正統的形成，遂成為一場包含哲學說服、政治聯盟與行政實踐的複合過程。

尤具關鍵性的，是主教會議作為正統認定的制度工具。地方會議原屬主教彼此協商事務之平臺，至第四世紀後，逐步升格為帝國認可的教義審判機制。皇帝開始召集區域與普世主教會議，議題從神學問題擴及教職任命、信徒紀律與資產歸屬。信仰判決一經議定，即納入法令執行，違反者不僅為異端，更可被逐出城市、剝奪職位，甚至流放處刑。

值得注意的是，正統的形成往往伴隨教會內部的權力集中與語言排除。希臘語與拉丁語逐漸壟斷教義表述空間，邊陲語言如科普特語、敘利亞語等被邊緣化；主教團的聲音壓過民間信仰與靈恩運動，信仰實踐趨向聖職中心主導。這種單一化的信仰體制，使教會更具組織效率，卻也壓抑了信仰表述的多樣性與靈性活力。

總結而言，「正統」的定義是羅馬帝國在信仰治理上由多元走向單一的過程。它既是神學的建構，也是帝國法律與治理的手段。透過主教會議、法令支配與語言壟斷，帝國與教會共同塑造出一套可以執行、可以懲治、可以整合的信仰架構。這不僅確立了基督宗教的統一表述，也為往後信仰爭戰與異端審判鋪設歷史軌道。

第三章　教派的帝國戰爭：從信經到權力協議

第二節　亞流教派的哲學與政治基礎

亞流教派（Arianism）的出現，不僅是羅馬帝國內部神學辯論的結果，更牽涉到哲學思維、教會權力與政治秩序的深層結構。它並非單一人物的偏激主張，而是在希臘哲學與宗教教義交會處誕生的系統思考，挑戰了當時尚未定型的「正統」教義，成為尼西亞信經出現前最具影響力的信仰運動之一。

亞流（Arius）本身是亞歷山大教會的長老，其思想根源可追溯至柏拉圖與新柏拉圖主義。他主張聖子（基督）雖為上帝所生，但有別於上帝本體，且具有「起始」——意即在創造前上帝獨一存在，基督則為第一被造者。此說在邏輯上保全了上帝的絕對單一與超越，但在教會內部引起極大爭議，因其質疑基督的永恆性與同質性，被視為削弱救贖論根基。

亞流教派的吸引力在於其理性結構與聖經語彙的結合。亞流善用《箴言》、《約翰福音》與《哥林多前書》等經文，解釋聖子之從屬地位，並將其神學詮釋普及化，以詩歌、講道與公共辯論在市民間廣泛傳播。其簡潔邏輯與符合希臘哲學訓練的體系性，特別受到東方教會與中下階層信徒歡迎。

然而，亞流教派的成長與政治支持密不可分。當時東方多數主教，如尼科米底亞的優西比烏（Eusebius of Nicomedia）即傾向支持亞流觀點，視其為維護上帝唯一性的重要立場。這些主教與朝中高官關係密切，使亞流教派在皇室中亦

有不少支持者。其信仰成為特定地方主教團與宮廷勢力聯盟的代表,使信仰之爭迅速升高為帝國內部政治對抗。

皇帝君士坦丁面對此一爭端,初期試圖採取中立立場,指派主教何西烏(Hosius of Cordoba)居中調解。唯雙方皆堅持己見,且支持亞流的主教勢力不斷增長,引發亞歷山大教會內部的對抗與民間騷亂。君士坦丁為維穩與尋求統一,終決定召集主教普世會議,為這場爭議劃下制度性界線。

亞流教派的興起,也揭示出早期教會尚無「普遍正統」之共識,反而呈現地區性、哲學性與政治性交織的多元局勢。即便在尼西亞信經制定後,亞流教派仍長期存在,並於君士坦提烏斯(Constantius II)與瓦倫斯(Valens)等皇帝統治下復興,證明其理論系統與政治基礎均非一時風潮。

總結而言,亞流教派之所以重要,並非僅因其教義內容,而是它作為一場帝國內部對信仰、哲學與權力關係重新排序的代表運動。它使我們理解,在「正統」尚未確立前,教會世界中存在廣泛的思維與權力競爭,其動能來自思想的深度與政治聯盟的廣度,而非純然的教義差異。

第三章　教派的帝國戰爭：從信經到權力協議

第三節　尼西亞大公會議的外交背景

尼西亞大公會議（Council of Nicaea）是基督教歷史上第一次由帝國召集、普世參與的教會會議，其意義不僅在於確立「正統」信仰，更重要的是，它象徵著皇權正式介入教會事務，將宗教分歧納入國家治理的框架。此會議不僅是神學辯論的場合，更是羅馬帝國外交、權力與教會勢力重新編排的舞臺。

西元 325 年，會議在小亞細亞的尼西亞召開，由君士坦丁一世親自主持。會議召集的動因表面上是為了解決亞流教派引發的基督論爭端，但實質上，會議背後隱藏著更深層的帝國戰略考量。君士坦丁甫統一帝國，迫切需要一套統一的信仰語言來整合多元教會與社會結構，特別是在東部地區亞流教派勢力與亞歷山大主教群體之間衝突日趨激烈的背景下。

外交與地緣政治亦深刻形塑了會議的召開方式與代表組成。東方教會主教比例高於西方，反映出該地區對教義辯論的高度參與和文化主導性。西方地區主教如羅馬主教席雖地位崇高，卻因地理距離與語言隔閡，在此次會議中影響相對有限。君士坦丁甚至指派其親信何西烏（Hosius of Cordoba）代表西方出席，表現出對東方主教聯盟的拉攏傾向。

第三節　尼西亞大公會議的外交背景

　　會議的籌備與主持顯示皇帝角色的多重性。君士坦丁既非教士也非神學家，卻以「上帝的代理人」自居，強調皇權有責任維護教會合一。他下令安排主教旅費與住宿，確保各地主教均能赴會，並在會議中扮演協調者與最後裁決者的雙重角色。這種行動表明，會議不僅是教會事務，也是帝國事務，是外交與內政的雙重展演。

　　在外交層面，尼西亞會議亦為帝國內部各族群教會提供了一次橫向溝通的平臺。埃及、敘利亞、小亞細亞、希臘與義大利等教會派系透過此次會議正式交流彼此的信仰理解與教會實踐。儘管爭論激烈，但這樣的交流也促進了教會制度的規模整合，為往後主教會議制度建立範式。

　　此外，君士坦丁利用此會議強化自身政治正當性。在會議期間，他以羅馬皇帝的身分與基督信仰的保護者角色同步亮相，使皇權與信仰合流，進一步鞏固他在新政權下的統治基礎。此舉讓宗教成為國家正統性的構件之一，也為後世「神授王權」的概念開啟先聲。

　　總結而言，尼西亞大公會議不僅是基督教內部教義爭論的轉折點，更是帝國外交操作與政治重整的樞紐。它使信仰從地方性的社群實踐躍升為國家治理語言，也使皇帝從制度外的庇護者變為制度內的主持者。此後的教義紛爭再難脫離皇權陰影，帝國與教會的共治格局，就在尼西亞開啟其歷史篇章。

第三章　教派的帝國戰爭：從信經到權力協議

第四節　君士坦丁與宗教派系的博弈

尼西亞大公會議並未終結基督教內部的信仰分裂，反而揭開了皇帝君士坦丁與各宗教派系長期博弈的序幕。作為帝國第一位公開信仰基督教的君主，君士坦丁不僅關心教義的統一，更關注教會如何成為穩定政權的工具。他與宗教派系之間的互動，既非單向主導，也非完全中立，而是一場動態的協商、支持與控制過程。

會議結束後，尼西亞信經成為新正統的象徵，宣告聖父與聖子「同質」的教義勝出亞流教派的「從屬論」。君士坦丁最初強力支持這一決議，將不服從的主教逐出教會，甚至將亞流本人流放。然而，這種立場並非出於純粹信仰熱忱，而是出於對教會穩定與帝國整合的深層考量。

不久之後，君士坦丁態度開始轉變。他逐漸接納尼科米底亞的優西比烏等亞流教派同情者回歸教會核心，並允許亞流在晚年返回君士坦丁堡，準備重新加入聖職體系。這一轉向顯示，君士坦丁在信仰問題上並不絕對堅持某一教義，而是更重視教會內部秩序的維持與地方權力的平衡。

這場賽局反映出君士坦丁在教會事務中採取的「務實皇權主義」。他不是神學論戰的參與者，而是權力仲裁者。他期望藉由調和各派對立，確保地方主教不致結盟反對中央，

第四節　君士坦丁與宗教派系的博弈

同時避免激進教派引發民間騷亂。他支持某派，並非因其教義更正確，而是因其政治操作性更高、更能融入帝國行政架構。

教會派系也深諳與皇帝博弈之道。支持尼西亞的主教團透過書信與朝臣連結，不斷提醒皇帝維持信經權威；而亞流教派則利用宮廷人脈與地方支持，尋求政策鬆動與主教任命機會。這些派系爭奪皇帝支持的過程，實質上開啟了教會政治化的長期進程。

君士坦丁晚年愈加傾向對各派採取包容態度，甚至未於臨終前接受尼西亞派主教的洗禮，而由與亞流教派立場相近的主教執行儀式。此舉雖具象徵性質，但引發後世對其信仰立場與教義態度的長久爭議。也正因此，尼西亞信經雖由其主持定立，卻並未在其統治時期完全落實為一統信仰。

總結而言，君士坦丁與宗教派系之間的博弈揭示出皇權與教權共生的複雜動態。皇帝既是統一的召集者，也可能成為分裂的容忍者；教會既依賴皇權鞏固地位，也須時時警惕其過度介入。這種互用與抗衡的雙重關係，自君士坦丁起便內建於帝國與教會的制度互動中，並深刻影響日後基督宗教的發展路徑。

■第三章 教派的帝國戰爭：從信經到權力協議

第五節
各地主教在信仰戰爭中的派系利益

尼西亞會議後，基督教內部並未走向全面整合，反而因信經的實施與皇權介入，激化了各地主教之間的派系鬥爭。這場信仰戰爭並非純粹的神學分歧，而是在地教會與帝國中心之間權力分配、地區利益與文化認同的全面競逐。主教的角色不再僅是靈性牧者，而是信仰政策的執行者與政治力量的代理人。

首先，各地主教在尼西亞信經的接受與執行上，展現高度差異。東部教會多數處於希臘語文化圈，學術討論活躍，主教之間有著深厚的神學訓練與哲學背景，較能參與抽象教義辯論。相較之下，西部主教多以實務管理與教區穩定為重，對信仰細節相對保守，傾向維持傳統崇拜與簡化教義表述，導致他們對尼西亞信經的接納雖表面支持，實則疏離。

其次，主教派系的形成與地方政治密切相關。亞歷山大、安條克、耶路撒冷與君士坦丁堡等大主教區逐漸形成教會政治的權力核心，其主教透過信徒動員、財產管理與地方官員結盟，建立起與皇權對等的宗教權力網絡。這些主教間為了爭奪正統詮釋權與朝廷影響力，經常相互指控異端，聯合皇帝或朝中權臣進行政治打擊。

第五節　各地主教在信仰戰爭中的派系利益

亞歷山大的主教亞他那修（Athanasius）便是最具代表性的例子。他堅決維護尼西亞信經，視亞流教派為信仰背叛者，積極撰文、遊說、組織地方會議鞏固信經地位。其堅定立場使他數度遭皇帝流放，卻也凝聚起強大的信徒忠誠與教區認同，將亞歷山大轉化為反對皇權干預信仰的重要堡壘。

而在安條克與尼科米底亞等地，主教則多與宮廷有密切聯繫，選擇較為務實與妥協的立場。他們對尼西亞信經採取重新詮釋或語義調整，試圖淡化「同質」一詞的神學意涵，以保全地方穩定與對皇權的合作關係。這種策略雖維持短期和諧，卻在後續會議中為更多教義爭議埋下伏筆。

此外，主教的選任制度亦成為派系鬥爭的核心場域。地方貴族、民眾與皇室各自擁有提名與支持主教的影響力，使主教人選往往代表特定政治立場與神學立場。一位主教的上任，可能意味整個教區的信仰轉向，因而常出現暴力爭執、民眾抗議甚至教堂占領的情況。主教的派系利益，逐漸超越信仰內容本身，成為地方政治與社會穩定的敏感指標。

總體而言，各地主教在信仰戰爭中不只是教義辯論的參與者，更是權力重分配的核心角色。他們在神學、政治與社會三重場域中周旋，使得信仰不再只是神聖事務，而是現實權力鬥爭的延伸。正統信仰的實施因此難以一體適用，而需透過不斷的協商、修辭與鬥爭，在地方與中央之間尋求可能的平衡。

■第三章　教派的帝國戰爭：從信經到權力協議

第六節
從教義到軍事：信經成文後的流血衝突

　　尼西亞信經雖然奠定了「正統」的基礎，卻並未終結帝國內部的信仰爭論。相反地，這份信仰宣言反而激化了教派對立，使原本屬於神學辯論的問題迅速升高為社會對抗，甚至軍事衝突。從教義到軍事的過渡，展現了當時基督信仰已深植於群體認同與政治結盟之中，其衝突自然超越理論爭議，轉向暴力對抗的現實。

　　在尼西亞會議之後，反對信經者雖遭官方打壓，卻迅速集結於地方主教與宮廷政治的支援下重組。亞流教派信徒與主教在東部教會內維持高度影響力，尤以敘利亞、小亞細亞與尼科米底亞為中心，形成一條強固的宗教與政治聯盟。當皇帝或太子對尼西亞教義表現動搖時，這些地區便迅速成為對抗正統派的據點，衝突往往迅速升高。

　　帝國內部很快爆發多起以信仰為名的暴動與鎮壓。最具代表性的，是亞歷山大與安條克等地的教堂衝突。在這些城市中，支持與反對尼西亞信經的群眾分別組織遊行、占領教堂，甚至攻擊對方信徒與主教。亞歷山大的主教亞他那修多次因暴亂與政治指控被驅逐，教區內部政權亦多次更迭，顯示信仰衝突已轉化為實質的地方政權爭奪戰。

第六節　從教義到軍事：信經成文後的流血衝突

軍事力量的介入使教義鬥爭更為激烈。皇帝在平息暴動與維持秩序的名義下，常派遣軍隊駐守教區，並以武力驅逐「異端」主教。某些場合中，軍隊更與教會派系結盟，使軍事行動成為特定教義勝出的保障。這類例子在瓦倫提尼安與瓦倫斯時期尤為頻繁，後者即強力支持亞流教派，並動用軍力打壓尼西亞派教士，造成廣泛流放與監禁。

宗教會議亦出現軍事壓力的痕跡。許多會議雖名為神學討論，實則在皇帝或地方軍頭支持下壓倒性裁決，常導致反對者遭打壓與流放。如西元 341 年的安條克會議與西元 357 年的錫爾米烏姆會議，均在皇權與軍事壓力下修改尼西亞信條，使教義判準成為軍政力量角力的延伸。

此外，信仰暴力並未止於教內。部分異教與猶太社群在此背景下亦遭誤傷，特別是在尼西亞派強勢推動信仰整合之際，非基督徒亦時常被視為「潛在異端」，其聚會場所與信仰實踐遭民間暴民或地方官吏攻擊，宗教暴力與社會動盪形成惡性循環。

總結而言，尼西亞信經雖為正統建構樹立了形式規範，卻未能提供實質整合的策略，反而成為衝突升級的觸媒。教義由此成為地方政治與軍事動員的核心語言，信仰的力量也首次展現出能動搖帝國穩定的現實威力。從教義到軍事的流血過渡，不僅暴露了正統建構的困境，也象徵著信仰成為帝國政治生活不可逆的構成力量。

第三章 教派的帝國戰爭：從信經到權力協議

第七節　教會大會作為帝國治理工具

自尼西亞會議以降，教會大會逐漸從神學辯論的平臺，轉化為帝國治理與政策協調的制度工具。這一轉化象徵著基督教不僅是宗教信仰，更成為帝國國政的一部分。皇帝與主教之間的關係，從信仰上的庇護與支持，發展為體制化合作，教會大會成為皇權合法性與國內秩序穩定的關鍵機構。

在第四世紀的政治結構中，帝國行政面臨龐大疆域、語言多樣與地方主義的挑戰，傳統的元老院體制與官僚系統已難以有效整合全境。相較之下，主教制度具有地區代表性、社群根基深厚，且主教本身兼具行政、道德與信仰權威，使其成為皇權延伸治理的重要中介。

教會大會因此被賦予雙重功能：一方面作為教義爭議的仲裁平臺，另一方面作為帝國統治語言的編織場域。皇帝召集主教會議，不僅為調解教派紛爭，更是展現其對全帝國信仰秩序的最高監督權。皇帝出席大會、安排議程與批准決議，等同於行使政教共治的象徵性統治。

以西元 343 年的薩丁尼亞會議與 381 年的君士坦丁堡大公會議為例，前者突顯東西教會分歧下的政治協商機制，後者則進一步確立皇帝可主持普世教會決策的制度化先例。這些會議中，主教爭論的並非僅是教義，也包括主教任命、教區劃分與資產歸屬等行政問題，其決議影響範圍遠超教會自

第七節　教會大會作為帝國治理工具

身,實際構成一種以信仰為名的帝國內政會議。

教會大會的政治功能亦展現在對異端的法律定義與懲罰授權上。透過會議所頒布的教規,異端不再只是信仰偏差者,而成為帝國法律認定下的破壞秩序者。主教大會與皇帝聯合決議驅逐、沒收財產或流放異端主教與信徒,展現出教會治理權與國家強制力的結合。

然而,教會大會也成為派系角力的舞臺。主教群體常為教義立場或教區利益形成鬥爭聯盟,結合地方貴族與宮廷派系影響決議結果。部分會議更被批評為「政治儀式」,其結論早已由皇帝或優勢派系預設,討論僅為形式。這種現象削弱了教會自治性,也激發部分主教與地方教會對大會權威的質疑與抗拒。

儘管如此,教會大會仍為帝國在多元宗教文化中提供一套制度化的統合工具。它創造出一種可以跨越地區、語言與族群的統一平臺,使基督教成為帝國整合的語言與權力框架。主教透過大會,獲得身分合法性與法規依據;皇帝透過大會,展現政教同盟與治理正當性。

總結而言,教會大會的制度化,是帝國與教會共治體制形成的關鍵節點。它不僅處理信仰,也處理統治;不僅定義教義,也重塑權力。從尼西亞以降的每一次會議,都是一次宗教語言與政治現實的再協調,象徵著信仰治理與帝國政體密不可分的歷史方向。

第三章　教派的帝國戰爭：從信經到權力協議

第八節
異端與政變：君王更替的宗教面貌

在政教交織的羅馬帝國晚期，宗教信仰不僅是皇帝治國理念的延伸，更成為政權更替過程中的核心議題。異端指控與教義立場，成為皇位合法性的重要象徵資本；而君王的宗教取向，則直接重塑整個帝國的教會格局與信仰政策。從君士坦丁到狄奧多西之間的數代君王，其政變與登基無不與正統與異端的爭議糾纏在一起。

首先，信仰立場在政變與繼位過程中扮演著辨識敵友的工具。當政權更迭發生時，新皇帝往往需藉由表明其對特定教義的忠誠來鞏固統治基礎。這一策略可見於君士坦丁二世（Constantius II）對亞流教派的強力支持，他以此與其父君士坦丁區隔，並整合東部教會勢力。然而，這種取向也使他面對尼西亞派主教與西部教會的強烈反彈，加劇宗教對立。

在政治動盪之際，異端指控經常被用作合法化政變與排除異己的手段。瓦倫斯皇帝即曾將大量尼西亞派主教流放，並以叛亂、通敵等罪名加以鎮壓。這類行動不僅反映出教義鬥爭的激烈，也顯示異端認定已成為帝國法律制度中具實效的權力語言，教義差異轉化為國安問題，教會爭執遂成為軍事與司法干預的藉口。

第八節 異端與政變：君王更替的宗教面貌

反之，當尼西亞派皇帝即位，如狄奧多西一世，他即頒布法令強制所有臣民遵守尼西亞信經，並將非尼西亞派視為非法團體，剝奪其聚會與財產權利。這種政策迅速重塑帝國宗教版圖，也導致大量亞流教派教堂被查封，主教被罷黜，信徒則被迫皈依或潛藏。君王的信仰選擇成為法令執行與信仰篩選的關鍵導向。

這類由皇帝信仰主導的教會政策，對教會自治性造成衝擊。主教群體雖擁有教義權威，卻必須依附於皇帝的政策支持，才能維持教區的穩定與正統身分。當朝廷改變立場，原本的正統可能瞬間變為異端，地方教會因此處於極大的不確定性與策略性調整中。

同時，政變中獲勝者常將敵對教派與其信仰連結，將信仰對立延伸為政治鬥爭的正當化論述。例如：尤利安皇帝即位後試圖恢復多神教，便大量打壓尼西亞派，改任異教與非尼西亞主教上任。其失敗顯示，宗教政策雖可作為短期統治工具，卻難以違逆社會信仰結構與主流文化趨勢。

總體而言，政變與異端之間的關係呈現出一種互動循環：宗教立場成為皇權正統性的象徵，政權更迭則透過宗教政策確立自身合法性。這種交互作用使得基督教信仰成為帝國政治鬥爭中不可或缺的編碼語言，也揭示出帝國宗教制度的高度不穩定性與權力導向性。

■ 第三章　教派的帝國戰爭：從信經到權力協議

第九節
信經之後：拉丁語與希臘語的信仰鴻溝

　　尼西亞信經雖意圖建立普世一致的信仰標準，然而在帝國幅員廣闊、語言多元的實況中，信仰的理解與詮釋仍受到語言差異的深刻制約。特別是在東部的希臘語文化圈與西部的拉丁語教會之間，神學語彙、邏輯架構與信仰實踐的分歧，逐漸形成一道無形而堅實的溝壑。這道語言鴻溝，不僅反映文化隔閡，更預示未來教會東西分裂的制度與思想基礎。

　　在語言層面，希臘語神學延續古典哲學傳統，強調概念的邏輯推演與存有的本質思辨。例如：希臘語中的「ousia（本體）」與「hypostasis（位格）」常用於區分聖父與聖子之間的存在關係。然而這些詞彙在拉丁語中缺乏對應的哲學深度，導致翻譯與理解上產生誤解。拉丁語中的「substantia」與「persona」無法完整表達希臘神學的精微架構，進而影響對聖三一教義的接受與重構方式。

　　此語言落差亦反映於信仰實踐與教會制度上。西方教會受羅馬法律與軍政體系影響，傾向以法令與紀律為核心，強調主教權威、禮儀秩序與神職等級制度；而東方教會則受希臘哲學與靈修傳統形塑，重視神祕體驗、神人合一與聖像崇敬等元素。這些差異在教義爭議上表現為拉丁派對「信而明」的偏好，以及希臘派對「明而信」的理性依據堅持。

第九節　信經之後：拉丁語與希臘語的信仰鴻溝

　　此外，主教會議紀錄與信經文本本身也因語言轉換而產生歧義。某些用語在翻譯過程中被簡化、誤讀，造成東西教會對同一信條的理解出現偏差。例如「Filioque」(聖靈自父及子而出)一語，原未出現在東方原版信經中，卻被西方逐漸加入，最終成為教義分裂的重要導火線。

　　這種語言與文化的張力，也反映在教會外交與主教會議的互動中。東方主教常對拉丁語主教的神學陳述表示不解或質疑，而西方則指責希臘派過度哲學化、脫離信仰根基。雙方在大公會議中雖名義上共議，但實際溝通困難，協議多淪為妥協性文字，缺乏一致性實施基礎。

　　長遠而言，這種信仰鴻溝為後來的東西教會分裂(大分裂)奠定深層結構。雖然當時尚無公開斷裂，但語言與神學的日益異化，使雙方對信仰正統的認知愈發難以重合。語言不僅是交流工具，更是思想的容器，當容器不同，信仰的內涵與外延亦自然產生根本差異。

　　總結而言，尼西亞信經之後的語言張力並未淡化，反而暴露出帝國信仰制度難以超越語言與文化邊界的局限。拉丁語與希臘語之間的信仰鴻溝，成為羅馬帝國政教體制下無法化解的隱性裂縫，預示著未來宗教政治版圖的重大變局。

■第三章　教派的帝國戰爭：從信經到權力協議

第十節　異教知識分子與正統的思想對抗

　　正統信仰的確立並未終結古典文化的聲音。即使在尼西亞信經後，帝國逐步排除異端與異教的法律與政策壓力下，仍有一群堅持希臘羅馬哲學、文學與多神信仰體系的知識分子，在學術與文化領域對基督教正統展開持續且深刻的思想對抗。他們既非軍事叛亂者，也非街頭暴民，而是透過書寫、講學與修辭，捍衛一套與新興基督信仰截然不同的宇宙觀與人性論。

　　這些異教知識分子多受新柏拉圖主義影響，主張宇宙秩序與神性多元，將哲學視為靈魂提升與神人合一的途徑。他們批評基督教削弱人類理性與德性價值，將信仰簡化為服從與神蹟崇拜。例如：尤納皮烏斯（Eunapius）與里巴尼烏斯（Libanius）等人即著書立說，抨擊基督教破壞城邦精神與學術自由，主張應回歸希臘的教育理想與道德修養。

　　更有甚者如希羅卡斯（Hierocles of Alexandria），在著作中明言基督教信仰過於排他，違反哲學多元與理性探問的本質。他在與基督教護教者的書信往來中，多次強調哲學之於公共秩序的建設性，而批評基督教過度依賴啟示與神蹟，使人心遠離自我修養與世界理性。

　　這些思想對抗雖非軍事或政治行動，卻對基督教知識建構造成挑戰。為回應異教學術的批評，教會內部也開始積極

第十節　異教知識分子與正統的思想對抗

發展基督教哲學，結合柏拉圖與亞里斯多德體系，以證明信仰與理性並不對立，並建立起自己的教育體系與神學院，對抗異教文學與倫理傳統的影響。

異教知識分子的社會地位雖逐漸式微，但其思想遺產透過修辭學校、圖書館與私人書信持續流傳。即使在基督教已成主流的狀態下，這些古典學者仍被部分皇帝與官員重用，如尤利安皇帝即企圖以哲學教育恢復異教地位，並強調公民道德與城邦文化的重要性。

然而，在狄奧多西一世頒布禁令後，多數異教學術機構被迫關閉，教師失業或被監控，許多手稿失傳，異教思想逐漸轉入地下或以折衷形式寄存於基督教文化之中。異教知識分子的公開抗爭雖然結束，但他們留下的思辨方式、倫理討論與宇宙觀，仍深遠地影響中世紀基督教哲學與文藝復興時期的古典復興運動。

總結而言，異教知識分子並非純粹的抵抗者，而是參與一場跨時代的思想辯論。他們使正統信仰必須面對來自哲學與文化傳統的質疑，促進基督教思想的深化與制度的革新。這場對抗不只是思想上的分歧，更是帝國文化主導權的最終交鋒，見證羅馬文明從多神體系向一神體制的深層過渡。

第三章　教派的帝國戰爭：從信經到權力協議

第四章
教會機器的誕生：
治理體系與社會滲透

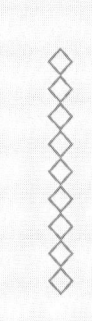

第四章　教會機器的誕生：治理體系與社會滲透

第一節　主教作為城市治理者的誕生

當基督教從被迫害的邊緣信仰轉變為帝國核心體系時，主教的角色也歷經根本性的轉化。原本僅負責教區內靈性事務與禮儀活動的主教，逐步進入城市治理的核心，在第四世紀中葉以後，幾乎成為帝國都會治理中不可或缺的行政支柱。這種轉變，不僅來自於宗教勢力的擴張，更來自於帝國治理架構本身的需求與轉型。

首先，主教的道德聲望與社會基層連結，使其在政治危機與行政真空中脫穎而出。隨著羅馬官僚體系的逐步鈍化，尤其在西部省份，市政議會（curia）日漸衰弱，原本由市長與地方議員主持的公共事務，出現了管控真空。主教作為城市內最具穩定性與道德權威的領袖，便自然承接起調解糾紛、分配資源與管理公共秩序的責任。

其次，主教的教區組織日益制度化，其下設有執事、長老與施濟員等協助處理行政與社會服務的成員，形成一個具層級性與職能分工的治理網絡。主教院不再僅是靈修場所，而是結合信仰宣講、社會施濟與法律仲裁的綜合治理中心。其功能範圍從施粥、醫療、孤兒照護到遺產仲裁、契約見證，涵蓋城市生活的方方面面。

尤以第四世紀末至第五世紀初，主教幾乎成為城市政治的代言人。例如在米蘭，安波羅修（Ambrosius）面對皇帝與

第一節　主教作為城市治理者的誕生

異教勢力的對抗,不僅保衛教堂權利,更擔任市政協調的斡旋者;在迦太基與亞歷山大,主教的影響力甚至超越郡守,成為軍事與外交事務的參與者。主教的講道與公開書信被視為城市公意的反映,其話語擁有立法與輿論雙重權威。

這樣的轉變也獲得帝國官方的認可與制度配合。皇帝屢次發布敕令,授權主教干預部分司法程序,賦予其庇護權(ius asyli)與仲裁職能。主教院常設於城市的主要廣場或公署旁,顯示其與傳統政權機構並駕齊驅的象徵地位。甚至在某些行政分區中,主教院與郡守府共享文書網絡與人事管道,形成權力交織的雙重治理格局。

然而,這樣的發展亦引發治理正當性與職責邊界的模糊。部分主教因行政擴權而陷入貪汙、裙帶與教會內部鬥爭。信徒對主教的期待亦從靈性領導轉向社會保護,導致教會精神性的部分功能受到稀釋。更有甚者,部分地區出現主教兼任郡守或地方總督的現象,政教合一的權力集集中帶來高效的同時,也埋下制度僵化與濫權的隱憂。

總結而言,主教作為城市治理者的誕生,是基督教制度化進程中最具歷史轉折意義的一環。這不僅代表教會從邊緣走入體制核心,也象徵帝國治理策略的重大調整。教會與政權在城市空間中共構治理機器,建立起一種結合信仰、倫理與行政實務的混合型統治模式,奠定中世紀教會主政格局的雛型。

第四章　教會機器的誕生：治理體系與社會滲透

第二節　群眾施粥與貧民施藥的制度化

隨著教會勢力在城市中迅速擴展，主教與其屬下組織不再僅止於信仰傳播與禮儀主持，更進一步承擔起社會福利與公衛職責。在羅馬帝國行政效率衰退與社會分配失衡的背景下，教會所推動的群眾施粥與貧民施藥制度，成為維繫城市穩定與重構公義想像的核心實踐。

起初，施粥與施藥源於教會對「愛德」（caritas）與「仁慈」（misericordia）的倫理義務，尤其受馬太福音與使徒行傳中關於扶貧濟弱教導的啟發。然而，到第四世紀末，這些行為逐漸制度化，轉變為規模龐大的常態性行動，甚至具備日常預算、專責人員與執行時間表。

在主要教區，如羅馬、米蘭、迦太基與安條克，主教院皆設有專門倉儲與糧倉，用於儲備糧食與藥草。這些資源多來自信徒捐獻、教會地產收益與皇室補助，透過執事系統每日分發，對象涵蓋病患、孤兒、寡婦、外來移民與戰爭難民。施粥活動甚至延伸至節慶儀式與主日崇拜，與禮儀實踐相結合，使慈善與宗教相互強化。

施藥則主要依賴修道院與教會附設藥房，結合當代醫學知識與靈性治療理念。主教多僱用具實務經驗的醫者或藥劑師協助病患，並常設祈禱室、醫護房與簡易病房，發展出教會醫院的雛型。這些空間亦為教會建立群眾信任與宗教認同

提供絕佳場域，顯示信仰治癒與身體醫療之間的策略融合。

在社會階層分化加劇與城市貧民問題惡化之時，教會施粥與施藥制度，實質上彌補了帝國福利體系的崩解。甚至在部分地區，主教比地方總督更能穩定糧食價格與控制疫病傳播，展現出教會機構的高效率與社會滲透力。

然而，這套制度也引發新問題。首先是資源集中與分配正義的爭議，教會的慈善活動往往服務於信徒與支持者，對異教徒或「不服從者」形成另類排除。其次，長期施予造成依賴，弱化自主生計的動能，甚至成為教會拉攏民眾與擴張信仰的工具。

總結而言，群眾施粥與貧民施藥的制度化，是教會從靈性機構轉化為社會治理者的象徵。它顯示宗教倫理如何具體化為行政機制，也展示信仰團體如何透過物質分配實現治理功能。這不僅重塑了城市的福利結構，也為教會贏得空前的政治資本與社會基礎。

第三節　教區的建立與地緣整併邏輯

隨著基督教自合法化邁向制度化的進程，教區（diocesis）的設置逐漸成為教會治理的基本單位。教區不僅是一個地理宗教區劃，更是一個集信仰管理、財政徵收與社會組織

第四章　教會機器的誕生：治理體系與社會滲透

於一體的治理實體。其形成與演化，深受羅馬帝國原有行政結構的啟發與模仿，也回應地方社群對宗教秩序與社會支援的雙重需求。

在羅馬帝國傳統中，「diocesis」原為行政單位，指一系列省份的集合，由副總督（vicarius）管理。基督教會吸收此概念後，轉化為以主教為中心的教會地理範圍，並與城市的政治與經濟重心密切綁定。這一安排不僅便利信徒聚會與教務統籌，更使主教得以在具體空間中實踐其信仰領導與社會治理功能。

教區的界定多以羅馬城市為核心，其輻射範圍大致對應帝國的城市網絡與道路系統。每座主要城市皆設有一名主教，其下分設副主教、執事與長老，對周邊鄉村、聚落進行牧養與管理。這種區劃方式強化了教會在地連結，使信仰不再是抽象理念，而是具體實踐於日常生活與地理空間的制度力量。

在此架構下，教會推動一系列「地緣整併」行動，將原本零散的信徒群體納入統一的教區網絡中。例如在高盧、北非與敘利亞等地，教會積極調查地方信徒分布與語言文化差異，重新劃定牧區邊界，並設立附屬堂區（parochia）與教士巡察制度，確保主教能有效掌握各地教務。

此外，教區制度亦強化了教會對土地與財產的管理能力。主教院往往擁有大片教產，並透過教區系統進行收租、派稅與分配。這種結構使得教區成為地方經濟運作的重要節點，也使教會能以「神聖產權」的名義進行資源再分配，鞏固

其社會影響力。

教區制度的推動亦與皇權密切配合。許多皇帝視教區劃分為維持社會秩序的工具，透過主教網絡了解地方情勢、發布政令與調解糾紛。例如狄奧多西一世便曾要求各地教區向中央報告信仰狀況，並設立教會巡察制度，模仿官府督察體系，展現出政教共治的實質運作。

然而，教區制度的整併過程並非毫無阻力。部分地區因語言、習俗與部族結構差異，對納入教區持保留甚至反抗態度，特別是在邊疆與異教社群仍占優勢的地區。教會往往需透過文化適應、教育與婚姻聯盟等手段，漸進式地實現其統一目標。

總結而言，教區的建立與地緣整併邏輯，是教會由信仰共同體邁向社會治理機器的關鍵一環。透過清晰的空間規劃與制度建構，教會不僅強化了內部控制與對外服務能力，也使信仰滲透日常空間與社會結構，成為帝國制度穩定的重要支柱。

第四節　主教與郡守的司法分權博弈

在羅馬帝國晚期政治體制逐漸鬆動的過程中，教會的司法功能逐步擴展，主教不再僅是靈性導師，更成為具備調解與裁判權力的公共仲裁者。此舉與傳統羅馬行政體系中省總督（praeses）所代表的法律與治安職責，產生明顯的重疊與衝

第四章　教會機器的誕生：治理體系與社會滲透

突。隨著主教在信徒中的威望與教區行政影響力日益提升，帝國出現了主教與郡守之間一場持續性的司法分權賽局。

起初，主教僅具有道德影響力與非正式的調解職能。他們透過教區資源與信徒網絡，協助解決遺產爭議、家庭糾紛與信徒間的契約糾紛。這些調解行為受到信徒歡迎，因其手續簡便、過程透明且富有倫理考量，相較於郡守主導的羅馬法院系統，顯得更具人情味與效率。

隨後，在第四世紀中後期，皇帝正式頒布數道法令，賦予主教特定的法律管轄權。例如：根據《狄奧多西法典》與《查士丁尼法典》中的記載，信徒若雙方同意可將案件交由主教裁決，且其判決具有法律效力。此外，主教獲准主持「庇護所司法」（asylum jurisdiction），保護逃亡者與債務人，並可於教堂內進行訴訟聽證，象徵其司法空間的制度化發展。

這些發展不僅提升主教的政治地位，也讓其司法權逐步侵入郡守的權責領域。地方郡守多半來自貴族階層，對主教掌握法律權威感到威脅，特別是在城市中出現「雙重司法管道」的情況，當事人可根據訴求選擇提交主教或郡守裁決，進一步導致帝國法律體系的不一致與競爭。

主教則以其「宗教正義」的道德優勢作為抗衡工具。他們聲稱自己依據《聖經》與教父傳統進行裁判，其判決更符合基督徒生活準則與社會公義，尤在家庭法、財產繼承與寡婦照護等領域，教會判決顯得更具正當性與照護性。這使得越來

第四節　主教與郡守的司法分權博弈

越多信徒主動將案件交付教會處理，排擠了郡守所代表的傳統司法權力。

不過，帝國中央對此現象採取折衷策略。一方面肯定主教的仲裁功能，將其納入國家治理體系；另一方面也強調主教不得干預刑事案件與軍政領域，劃設司法邊界，以維持國家體制的整體性。這種模糊授權與功能劃分，成為帝國治理與教會權力平衡的典型策略。

司法分權的結果是帝國出現一種「雙制度」狀態：一方面是以郡守為首的羅馬法律體系，維持皇權象徵與制度延續；另一方面是以主教為核心的教會法律秩序，展現社會道德與社群信任。兩者互有衝突也有合作，共同構成帝國末期多元治理與法律多頭化的特徵。

總結而言，主教與郡守之間的司法分權博弈，不僅展現教會權力的制度化與法理化，也揭示羅馬帝國晚期國家治理邏輯的調整與多樣化。教會並未取代國家，而是逐步占據其道德與基層秩序的空間，為後來中世紀教會法與世俗法共存的法治格局奠定深厚基礎。

■第四章　教會機器的誕生：治理體系與社會滲透

第五節　主教文書系統與行政管理的革新

　　隨著教會從靈性團體轉變為城市治理機器，文書系統與行政程序也隨之深化與革新。主教不再只是以個人聲望與道德威望治理教區，而是依賴一套嚴謹的書信、紀錄與報告制度，來維繫教會的紀律與行政效率。這些制度的發展，不僅對教區內部組織運作產生深遠影響，也逐步改寫整個帝國行政文化的書寫與記錄實踐。

　　首先，主教院普遍建立了專門的文書官（notarius）與書記群體，負責起草信函、記錄會議與存檔訴訟資料。這些文書人員多具備修辭學訓練，能以拉丁文或希臘文撰寫兼具法律與宗教語言的文件，使主教得以有效對內發布命令、對外應對皇室或其他主教來函。文書系統在此不僅是行政工具，更是一種建構主教權威與塑造公信力的象徵手段。

　　其次，主教院與教區開始定期編纂施濟名冊、契約登記、教產收支報告與信徒名單，這些資料的存在使得教會能掌握信眾動態與經濟資源，提升財政預測與政策執行能力。例如在迦太基與雷昂的主教文書中，常見針對貧戶、病患、孤兒的救助紀錄與領取憑據，展現教會在社會治理上的準國家化管理能力。

　　在與帝國行政體系的互動中，教會文書也逐漸成為官方法律程序的補充。皇室對主教院的公函往往需以禮儀性的敬語與

第五節　主教文書系統與行政管理的革新

章程回應，展現教會文書在修辭風格與格式上的規範作用。主教亦可出具保舉信、信仰證明與信徒行為紀錄，供帝國任命、徵調與懲戒之參考，形成一套跨機構的資訊流動網絡。

值得注意的是，主教文書的公信力不僅來自制度本身，更來自其結合神學與法律的語言風格。主教在文書中常引用《聖經》或教父言論作為裁決依據，使行政命令具備神授合法性，這種神聖化文書的實踐，有效提升命令的服從程度與宗教道德說服力。

此外，主教院也積極保留信函與判例，發展出早期教會法典的雛型。這些材料後來成為中世紀《教會法大全》的基礎之一，使教會得以自我規範與法理推進，其文本累積與詮釋文化對後世法律制度與檔案行政的影響深遠。

不過，主教文書系統的發展亦非沒有挑戰。首先是行政負擔的增加，使主教需將權力分委予副主教與書記群體，導致內部層級化與決策遲緩的問題。其次，文書保密與造假風險亦漸浮現，部分主教為維護派系利益或掩蓋貪腐行為，利用文書系統操作資訊分配，引發信徒不滿與內部監督的呼聲。

總結而言，主教文書系統的革新象徵著教會從道德權威邁向制度治理的關鍵轉折。透過嚴謹的記錄、分類與法律語言建構，教會不僅提升其行政效能，也建立起可長期維運的組織記憶與制度權威，為後世文官制度與公文實踐提供歷史參照。

■第四章　教會機器的誕生：治理體系與社會滲透

第六節　教會稅收與財政資源的監管

　　在基督教會從地下團體轉型為制度化組織的過程中，財政管理迅速成為其能否維繫行政與擴展權力的關鍵。特別是在主教職位日益制度化、教區網絡逐漸穩固的背景下，稅收制度與財務資源的掌握與監督，成為教會治理不可或缺的一環。教會不僅接受信徒捐獻，更逐步建立起可持續的收入來源與財政分配機制，並對財產的管理進行制度性調控。

　　首先，教會的財源結構多元，主要包括個人捐贈（特別是臨終遺贈）、土地收益、施濟基金、教產租金以及來自皇室的贈予與免稅特權。這些資源來源最初未有明確制度，但隨著教會財富劇增，主教院逐漸建立財政官（oeconomus）制度，專門管理財產登記、收入預算與支出審核，使教會財政脫離個人控制，邁向集體運作。

　　教會的財政權威亦獲帝國官方肯認。狄奧多西與查士丁尼等皇帝曾明令禁止地方行政官干預教會財務，並賦予主教對教產擁有終審處分權。這使得教會財產具有高度獨立性，亦因此引來地方貴族與郡守的警惕與敵意。某些主教院在地方社會中甚至成為土地最大的擁有者，其經濟實力可與地方總督分庭抗禮。

　　在收支兩端，教會採取定期會計審核與書面報告制度。主教需定期向教區成員公開財政狀況，並接受來自其他主教

第六節　教會稅收與財政資源的監管

或大會的查核。例如在高盧與敘利亞地區，主教院需每年提交施濟名單與稅收紀錄，以證明資源使用符合教義與教區需求。此種制度性透明機制，有效防止濫用資產與家族化控制。

　　教會的財政系統亦與其社會功能緊密相連。施濟、醫療、教育與建設教堂等支出項目，皆列入正式預算。這些用途一方面回應信徒對宗教團體的期待，一方面亦用以強化教會在地方治理中的不可取代性。財政制度的穩定，使教會能持續營運慈善事業，成為穩定社會秩序的實質支柱。

　　然而，財政擴張亦帶來倫理與組織風險。部分教會因掌握龐大資產而招致信徒疑慮，特別是在主教或教士濫用資金進行奢華消費時，容易引發社群批評與分裂。此外，財產繼承與土地糾紛亦常因記錄模糊與管轄不清而成為內部矛盾的導火線。

　　教會亦針對這些風險設置監督機制，例如成立地方審議會或財政委員會，由長老與執事共同參與資產管理。部分地區甚至推行「財政問責日」，公開審視資金流向與資產清冊，試圖提升信徒的參與感與監督能量。

　　總結而言，教會稅收與財政資源的監管，象徵著教會從靈性共同體邁向制度化行政組織的重要進程。透過制度設計、會計管理與社會責任的結合，教會不僅確保其財務穩定，更在帝國晚期的政治與社會秩序中扮演關鍵角色。教會財政的法理獨立與制度化監督，為後世中世紀教會國家與經濟倫理奠定了深厚的歷史基礎。

第四章 教會機器的誕生：治理體系與社會滲透

第七節 修道院作為地方經濟中心的轉化

在基督教會制度化與社會滲透的進程中，修道院（monasterium）不再只是禁慾修行與靈性追求的場所，而逐步轉化為地方經濟與社會資源的整合中心。從第四世紀末起，隨著修道生活的普及與修會組織的發展，修道院開始在農業生產、手工業運作、糧食儲備、勞力分配與市場交換等方面扮演關鍵角色，成為帝國晚期社會中不可忽視的經濟實體。

首先，修道院的土地擴張成為其經濟基礎的核心來源。透過信徒捐贈、臨終遺贈與皇室特許，許多修道院擁有廣大的農地與牧場。這些土地由修士與受僱農民共同耕作，並引入較先進的農耕技術與管理制度，如輪作制、水利設施與牲畜飼養，提升產能並穩定糧食供應。在部分地區，如高盧與敘利亞，修道院甚至成為地方最具生產效率與糧食儲備能力的機構。

其次，修道院往往設有工坊與學坊，從事織布、釀酒、書寫抄本與製陶等手工業活動，成為知識與技藝的培育基地。修士除了祈禱與誦經，也需從事勞動，展現「祈禱與工作」（ora et labora）的修會精神。這種勞動倫理不僅塑造出一種宗教化的工作觀，也為地方社群提供就業機會與技術訓練。

第七節　修道院作為地方經濟中心的轉化

　　修道院的經濟功能亦延伸至貧民救濟與社會服務。許多修道院設有施粥所、病房與庇護所，負責接納流民、難民與孤苦無依者。這些設施除了承擔教會傳統的慈善職責，也讓修道院在缺乏公權力與帝國支援的地方，成為社區穩定的保障。尤其在疫病或饑荒時期，修道院的儲備糧與醫藥能力，常被地方民眾視為最後的依靠。

　　在財務制度上，修道院採取內部自治的管理結構，由院長（abbas）或修道長（hegoumenos）領導，設有專責經濟與資產管理的修士，並依照修會規章進行財務記錄與定期稽核。一些大型修道院與主教院共享會計體系，或向教區呈報財務狀況，展現出與主教治理相呼應的財政紀律與責任制度。

　　值得注意的是，修道院的經濟地位與其宗教正統性密不可分。正統修道院因獲皇帝支持與主教承認，其財產受法律保護，並享有免稅、庇護與經濟自由權；反之，異端或獨立修會常遭沒收資產與強制取締。這顯示出修道院經濟與教會政治結構間的高度共構關係。

　　然而，修道院經濟擴張也引發社會批評與教內反思。部分修士因過度累積財產與奢侈生活而遭非議，導致修會改革運動的興起，如本篤會在西方即強調簡樸、勞動與祈禱的整合，試圖矯正修道院經濟化所帶來的靈性偏離。這些改革也促使修會重新審視其與財富、權力與社會責任之間的關係。

第四章　教會機器的誕生：治理體系與社會滲透

總結而言，修道院作為地方經濟中心的轉化，是教會制度內部一場結構性的再功能化。它不僅鞏固了教會在地社群的物質基礎，也使信仰實踐深入日常生產與社會互動之中。修道院經濟的崛起，不但重塑了古典城鄉經濟結構，更奠定中世紀修會經濟自治與文化傳承的重要起點。

第八節　修會法則與自治空間的爭奪

隨著修道制度的制度化與修道院經濟地位的提升，修會（ordo monasticus）內部運作與對外關係亦邁向高度組織化，進而促使修會法則成為規範修士生活與行為的核心架構。這些法則不僅規範祈禱、勞動、默想與禁慾的日常節奏，更規劃財務管理、對外應對與組織階序，逐步形成一套具備法律效力的內部自治體系。修會法則的出現，使修道院成為帝國法理與主教權力之外的另一套治理空間，引發一場關於教會內部權力配置與自治邊界的深層競逐。

最具代表性的修會法則當屬聖本篤（Benedict of Nursia）於六世紀所撰《聖本篤準則》（*Regula Benedicti*），該法則成為後世西方修道生活的範本。其內容涵蓋修士每日生活時間表、職務分工、財務管理、院長選任、紀律處罰與靈修目標，藉此建立一種集體生活下的道德自治與自我治理結構。

第八節　修會法則與自治空間的爭奪

這種制度的內部一致性與持續性，使修會得以超越主教與地方政府的干預，自主運營。

在東方，巴西流（Basil of Caesarea）所擬定的修會原則則強調社會服務與集體生活，並與主教權威保持合作性關係。與西方本篤式封閉自治不同，東方修會更傾向成為教區延伸的靈修機構，主張修道不應脫離教會整體結構。但即便如此，修會內部仍有其規章與自我紀律機制，並發展出具備準司法與準行政能力的內部治理傳統。

修會的自治特性往往與主教院形成張力。主教作為教區最高權威，理應監督所有教區內的宗教活動與機構，包括修道院。但由於修會的內部組織與生活規範明確，且其財產常由捐贈者明訂不得由主教干預，遂產生一種法理模糊地帶，使主教對修會的實際控制力有限。

這種權力模糊亦獲得帝國法律的間接承認。部分皇帝出於政治或信仰目的，賦予特定修會「皇家保護特權」（privilegium regium），允許其直接向皇帝陳情或上書，跳過主教體系；另有皇帝頒布敕令，明訂某些修會擁有資產保護與訴訟豁免權，進一步鞏固其自治地位。這些政策實質上形成教會內部的「特許空間」，重構信仰權威的分層體系。

另一方面，修會法則本身也成為外部政治干預的工具。主教、皇帝與貴族時常以資助修道院之名介入修會運作，要求修改規章、安排親信任職或納入施政目標。這使得修會須

第四章　教會機器的誕生：治理體系與社會滲透

在維護自治與爭取外援之間取得平衡，並發展出外交、談判與妥協的組織策略。

總結而言，修會法則與自治空間的爭奪，不僅反映教會組織內部治理機制的制度深化，也揭示信仰實踐如何轉化為具備法理基礎與制度運作的空間秩序。修會在宗教靈修與行政現實之間遊走，既是教會體制的延伸，也是其多元化與去中心化趨勢的象徵。這場自治爭奪，形塑了中古以降教會治理中「規章與主教」、「修會與教區」、「靈修與行政」之間長期拉鋸的歷史基礎。

第九節
從教士到官員：帝國與教會的雙重身分

隨著基督教日益嵌入帝國政治與社會結構之中，教士階層的角色也發生深刻轉變。他們不再僅是宗教禮儀的執行者與靈性導師，更承擔起帝國行政、司法與社會協調的責任，展現出教會與國家角色之間的交織與融合。教士從單一宗教職分，轉化為身兼多重職能的治理中介者，其身分不再簡單界定於教會體系內，而是遊走於政教交界的灰色地帶。

此一轉變最早可見於第四世紀末，當帝國授予主教諸如仲裁訴訟、庇護逃犯、施濟貧民等公共職能時，教士群體亦

第九節　從教士到官員：帝國與教會的雙重身分

隨之承接執行與協調的角色。他們需定期記錄會計帳冊、管理糧倉與藥房、統籌施濟名單，甚至負責地方工程如橋樑、道路與水井的興建與維修。這些任務原本屬於市議會或郡守職掌，但隨著官僚體系衰弱與資源下沉，教會職能逐漸彌補行政真空。

尤其在主教院形成行政中樞後，教士被視為主教「助手官僚團」（administrative collegium）的一環。他們需受過文書訓練、語言教育與基本會計知識，能勝任報告撰寫、文件抄錄、群眾動員與政治協商等職務。主教經常委派資深教士出使皇宮、交涉政策，甚至代表主教在議會或法院中發言，顯示其政治代理功能已相當成熟。

這種職能擴張亦受到帝國法律與皇室政策的默許與制度化。例如：《狄奧多西法典》即規定特定教會職位可享免稅、免役與訴訟豁免權，並授予主教挑選與任命教士的獨立權限。這些制度上的保障使教士成為一種半官僚化的宗教專業階級，其治理能力日益受到皇室依賴。

然而，教士身分的雙重性也引發倫理與權力上的緊張。一方面，他們被期待遵守教會的靈性生活準則，過簡樸、禁慾與服事的生活；另一方面，他們卻又需執行與世俗接軌的行政與政治任務，包括稅收、訴訟、資產管理與官民協調。這種價值衝突常導致教士在實務運作與靈性追求之間陷入矛盾與內部批評。

第四章　教會機器的誕生：治理體系與社會滲透

此外，教士的世俗化傾向亦引發教內改革派的不滿，部分修道運動即主張嚴格區隔聖職與行政，防止教會貪腐與官僚化。例如在高盧與義大利，曾出現呼籲教士退出政治的公開信件與議案，主張應將主教與教士重新限縮於靈性領域。

儘管如此，教士作為政教交界中最關鍵的轉譯者與執行者，其制度地位與功能無可取代。他們連結帝國與地方、教會與信眾、神聖與世俗，展現出信仰社群治理的多元性與彈性。這種身分融合的治理實踐，為中世紀教會—國家結構中的雙重角色與制度疊合打下基礎。

總結而言，從教士到官員的角色演變，不僅揭示教會組織的行政深化，也展現帝國在治理危機下如何借助信仰資源維繫秩序。教士的雙重身分既是制度創新，也是潛在張力的根源，映照出古典帝國晚期治理模式的深層轉型。

第十節　牧靈與情報：告解制度的政治應用

在基督教會制度日益完善之際，原屬個人靈性修復與倫理重建的告解（confessio）制度，逐漸演變為教會治理與社會控制的有效工具。由個別信徒向神職人員敘述自身罪行，並接受赦罪儀式的形式，告解原本強調神人關係中的懺悔與悔

第十節 牧靈與情報：告解制度的政治應用

改，隨著帝國與教會結構的融合，其功能逐步擴張至資訊收集、社會紀律與政治判讀等層面，成為帝國晚期教會運作中最具隱祕性與滲透力的治理技術之一。

告解制度的普及始於第四世紀後期，在奧斯定（Augustinus）與安波羅修（Ambrosius）等教父的推動下，個別告解逐漸取代公開懺悔，成為常態性牧靈實踐。此一轉變源自對個人內心罪意的重視，並強調神職人員作為「靈魂醫師」的專業角色。告解因此不僅是宗教儀式，更是社會倫理重整的節點，透過罪行分類與處罰措施的制度化，教會得以深入日常生活的道德層面，重構信徒的行為邊界與認同模式。

然而，告解所獲得的大量私人資訊，亦在無形中成為教會掌握社會動態與政治傾向的潛在資源。教士透過與信徒的個別接觸，能了解家族糾紛、經濟困難、婚姻矛盾乃至對皇室與主教的不滿情緒。這些資訊常以非正式管道轉化為治理依據，主教可據以調整施濟對象、安排行政策略甚至通報帝國官署。告解成為一種「宗教情報體系」，以靈性名義收集社會感知。

在特定情境下，主教亦會藉由告解內容進行勸導、威懾與懲處。例如對於異端傾向者、祕密聚會成員或持有「危險思想」的信徒，主教可在告解後施以禁教、隔離或要求其參加教義再教育。這些措施皆建立於信徒自願披露與神職人員絕對保密的雙重關係中，使教會得以在無需正式審訊的情況

第四章　教會機器的誕生：治理體系與社會滲透

下施加有效控制。

告解制度亦逐漸與行政記錄體系接合。部分教區開始記錄懺悔類型與次數，建立「道德檔案」，供教士追蹤信徒行為變化與靈性進程。雖此類資料原應保密，但在政教關係密切地區，如君士坦丁堡或迦太基，主教有時會將告解趨勢作為政治風向參考，提供皇室或郡守進行地方決策。牧靈與情報的邊界日趨模糊。

告解的政治應用在道德層面引發不少爭議。部分教父如金口約翰（Ioannes Chrysostom）即警告，不應將靈魂救贖轉化為治理工具，否則將背離福音精神與牧者職責。然而現實中，教會作為社會唯一穩定組織，其需負擔秩序維繫與倫理導正之任，使告解制度難以純然脫離社會功能。

總結而言，告解制度從個人靈性實踐轉化為治理機制，是帝國晚期教會滲透社會生活與重建倫理秩序的象徵。它結合懺悔、審查與行政功能，塑造出一種以倫理為媒介的情報與控制體系，成為政教合作下最微觀也最具滲透力的社會治理實踐之一。

第五章
信仰跨界：
蠻族政治與教會資源的交換

第五章　信仰跨界：蠻族政治與教會資源的交換

第一節　日耳曼人的皈依政治學

當羅馬帝國的疆界日益模糊、中央權力逐漸式微，來自邊疆的日耳曼民族成為政治版圖重組的關鍵角色。這些原本被視為蠻族的群體，在第五至第六世紀間陸續進入高盧、義大利與西班牙等地區，不僅重構地緣格局，也在信仰選擇上展開深具政治意圖的皈依操作。所謂的「日耳曼皈依政治學」，指的是這些部族領袖如何藉由改宗基督教來強化統治正當性、建立跨文化聯盟，並進一步透過信仰與宗族的雙重轉化鞏固其權力版圖。

最具代表性的個案即為法蘭克王克洛維一世 (Clovis I) 的改宗。他原為信奉多神教的日耳曼貴族，卻在戰爭危急時發願皈依基督教，隨後於約西元 496 年接受天主教洗禮，此舉被同時代主教描繪為「新君士坦丁」的再現。與其他皈依亞流教派的蠻族不同，克洛維選擇天主教（即主流尼西亞派）具有高度政治盤算，其改宗使其迅速獲得羅馬教士與高盧主教團的支持，並以信仰正統性為依據展開領土擴張。

在克洛維的皈依行動背後，日耳曼貴族意識到信仰不僅是宗教選擇，更是統治語言的重新配置。信仰的轉變讓部族統治者能夠接軌羅馬行政語彙，藉由受洗、捐獻、建堂和與教士通婚等行動，形塑其作為合法繼承者的形象。同時，主教群體則藉由支持蠻族王權來換取地方教區的財產保全與傳

教自由，兩者形成一種互為需求的政治信仰交換模式。

皈依亦非單向灌輸，而是一場符號與制度的雙重協商。日耳曼王室在接受洗禮後，仍保留原部族儀式與習俗，在節慶、司法與繼承制度中融入基督教元素卻不全然排斥傳統信仰。例如克洛維接受洗禮的同時，仍維持其軍事首領的神聖象徵，其妻亦參與修道院捐贈與堂會設立，使王室權威透過宗教空間的建構進一步神聖化。

日耳曼皈依行動中，也展現語言與象徵策略的巧妙操作。為了讓信仰更易於接受，教士常以部族語言講道，甚至創造語彙翻譯基督教概念，如將「上帝」翻譯為「Alhs」，將「救主」譯為「Heiland」。這些語言上的轉譯，不僅促進傳教，也協助王權以熟悉語境統合部族認同。

此外，皈依常伴隨公共儀式與文書紀錄，象徵政治秩序的重建。洗禮儀式往往選於節日或戰後，並由主教親自主持，藉此對群眾展示王權與教權的結盟。更有甚者，部分改宗者將皈依過程記錄於銘文或法律條文之中，如《薩利克法典》便出現教會特權條款，顯示信仰改變如何嵌入法理敘事之中。

總結而言，日耳曼皈依政治學是一種將信仰操作納入統治策略的實踐樣態。其本質不在於宗教真誠性，而在於改宗作為一種制度資源與文化槓桿，協助部族統治者在帝國瓦解後的政

■ 第五章　信仰跨界：蠻族政治與教會資源的交換

治真空中取得合法性與治理資源。透過信仰交換、語言翻譯與儀式建構，日耳曼王權成功將外來宗教內化為自我治理的核心工具，亦為中古歐洲政教合一的模式奠定初步雛形。

第二節
汪達爾與亞流教派的地中海霸權野心

汪達爾人在五世紀初橫渡萊茵河、遷徙至西班牙南部，最終於 429 年跨海進入北非，並於 439 年在迦太基建立獨立王國，其行動一方面象徵著羅馬帝國在非洲行省的徹底瓦解，另一方面也代表著一股新型蠻族政權的興起。與法蘭克人皈依尼西亞派不同，汪達爾王國選擇以亞流教派（Arianism）為國教，這一宗教選擇深具政治與文化戰略意涵，成為其地中海霸權野心的象徵。

亞流教派為四世紀初由神學家亞流（Arius）所提出，主張基督為受造者而非與天父同體，其教義曾於尼西亞會議被定為異端，卻於蠻族社群間廣泛流傳。對汪達爾人而言，採信亞流教派既表達對羅馬宗教正統的疏離，也是一種強化族群認同與建立王國特色的策略。他們藉此在信仰上與羅馬主流社群劃清界線，並與哥德人等其他亞流教派蠻族政權建立同盟網絡。

第二節　汪達爾與亞流教派的地中海霸權野心

汪達爾王國在君主蓋薩里克（Gaiseric）的領導下積極擴張勢力，不僅控制北非沿海，亦於455年突襲羅馬城，劫掠教堂與皇宮，此舉震撼拉丁世界，象徵蠻族政權的武力已足以撼動帝國心臟。根塞里克並建立強大艦隊，制衡西羅馬與東羅馬的海權，在地中海貿易與外交中取得關鍵地位。

在國內治理上，汪達爾王室積極推動亞流教派教士取代當地主教，迫害尼西亞派教會，沒收其財產並限制其宗教活動。據《汪達爾事略》與教會史家普羅科匹厄斯記載，迦太基與西卡（Sicca）等城市出現大規模主教被放逐、信徒被禁止集會的情況。這不僅是宗教政策，更是王國在政治與文化層面上的統治工具。

然而，亞流教派的官方地位並未能消弭內部矛盾。當地羅馬居民多屬尼西亞派，對王室宗教政策抱持敵意。汪達爾人雖掌握軍政要權，卻無法完全取得文化與社會的認同，導致統治合法性持續遭遇挑戰。尤其在與東羅馬帝國的對峙中，尼西亞派常成為帝國介入與策反的橋梁，使宗教政策反受其害。

此外，汪達爾政權的地中海戰略亦因宗教分裂而受限。雖與哥德人等亞流教派政權有宗教同盟基礎，但缺乏穩定制度與文化整合，使這些聯盟難以持久。與東羅馬的外交亦陷入僵局，最終於533年由拜占庭名將貝利撒留（Belisarius）率軍攻陷迦太基，汪達爾王國滅亡，象徵其霸權企圖的結束。

■第五章　信仰跨界：蠻族政治與教會資源的交換

　　總結而言，汪達爾人擁抱亞流教派的選擇，是其在地中海地緣政治與文化場域中自我定位的結果。這一選擇雖短期內鞏固了政權獨立性與文化特異性，卻也在長期中造成宗教分裂與統治脆弱，最終成為王國覆亡的隱性根源之一。汪達爾的案例揭示了宗教選擇作為帝國秩序重組工具的雙面性：既可成為政治資本，也可能引發統治危機。

第三節
阿提拉的「神使」形象與教宗交涉

　　在西元五世紀中葉，匈人帝國於歐洲大陸迅速崛起，成為羅馬帝國東西兩翼的重大威脅。其中，君主阿提拉（Attila）不僅以其軍事實力震懾歐洲，更以一種近乎末世象徵的宗教語彙被描繪與理解。他的行動與形象不只是蠻族擴張的政治實踐，也被編織為教會語境下的「神使」（Flagellum Dei）寓言，並最終於與教宗良一世（Leo I）的歷史交涉中凝固為一段充滿象徵與權力競逐的歷史片段。

　　阿提拉的軍事擴張策略快速且猛烈，自東歐草原出發，他率軍穿越多瑙河流域，擊敗東羅馬帝國數支軍隊，並迫使君士坦丁堡簽署賠款條約。隨後其勢力轉向西方，於451年橫掃高盧平原，所到之處城鎮焚毀、主教出走。阿提拉的部

第三節　阿提拉的「神使」形象與教宗交涉

隊所造成的破壞性,被當時拉丁史家與教會文獻描寫為「神的懲罰」,阿提拉本人則被賦予「神鞭」之名,象徵上帝對羅馬罪惡的審判。

然而,這種末世性的象徵也為教會與其交涉創造道德優勢。當阿提拉於452年揮軍義大利、直逼羅馬城時,西羅馬政府已難以抵抗,最終由教宗良一世親自率團前往會見阿提拉。關於此次交涉的細節,史料記載並不一致,然教會史家普遍強調教宗以其靈性威嚴與神授話語成功勸退阿提拉,避免羅馬再次陷落。這一事件在中世紀文獻與圖像中被廣泛再現,教宗的形象被神聖化,視為能平息蠻族之怒的神之代言者。

事實上,阿提拉撤軍可能亦基於現實考量,如糧食短缺、瘟疫蔓延與東羅馬軍隊從後方威脅等因素。然而教會成功地將政治妥協轉化為宗教勝利,進一步強化了羅馬主教的地位與象徵資本。從此之後,教宗被視為能夠代表整個城市乃至帝國與外敵談判的權威中介,這為教宗制度的政治功能鋪墊了合法基礎。

阿提拉在基督教文獻中的形象亦開始固定化。他既是恐怖統治者,也是上帝的審判工具,其軍隊被描繪為野蠻與災難的化身,而教會則為信仰秩序的防線。這種二元對比的敘事手法,不僅在後世鞏固了「蠻族—教會」的象徵邊界,也讓信仰成為評價歷史事件與政治人物的核心語言。

第五章　信仰跨界：蠻族政治與教會資源的交換

總結而言，阿提拉的神使形象和與教宗的交涉，不僅是歷史事件的紀錄，更是信仰語境下對蠻族與教會關係的詮釋實踐。這段交涉鞏固了教會的道德權威，也為日後教宗在帝國政治中的地位奠定神聖基礎，使教會成為蠻族秩序中不可忽視的政治軸心。

第四節　教會如何編寫「他者」的史詩

在蠻族與羅馬接觸愈發頻繁的背景下，基督教會不僅被動應對外來勢力的入侵與談判，更主動透過文字與敘事建構對「他者」的理解與界定。這些文字不僅止於歷史記載，更深刻地形塑了歐洲中古以降對蠻族的文化印象與道德判斷，成為一種以信仰為中心的史詩編碼工程。所謂的「他者史詩」，不只是描寫外族的紀錄，而是教會在危機中對自我與異己關係的詮釋與教化。

從《教會史》、殉道傳記到地方主教的書信集，基督教文獻中出現大量對蠻族的描繪。這些文本常將他們塑造成信仰破壞者、城市劫掠者與聖物玷汙者，進一步強化教會作為秩序與神聖空間守護者的角色。像是對汪達爾人的描述常充滿暴力與褻瀆的語彙，而哥德人在改宗前則被形容為精神混亂、未經教化之民。這些敘述鞏固了教會的「文明堡壘」形

第四節　教會如何編寫「他者」的史詩

象，並透過語言界定出蠻族的道德低位。

這類史詩式敘事並非單純虛構，而是建立於一種符號政治之上。教會藉由書寫，將戰亂、饑荒與信仰動搖轉化為神學寓言，將蠻族的來襲理解為上帝對信徒的試煉或懲戒。蠻族成為信仰歷史的角色而非僅是現實敵人，其存在意義被納入神聖史觀，成為宗教救贖歷程的部分。

此外，教會在記錄蠻族改宗過程時，也常以「蒙恩轉化」為主軸描繪其皈依。例如克洛維的受洗被描繪為民族重生，阿提拉撤軍被詮釋為神意止怒。這類敘事一方面正當化教會的政治成果，另一方面也預設蠻族唯有納入基督信仰體系方能獲得秩序與人性。

這些文字亦反映權力運作的方式。主教與修士往往是地方上唯一具備書寫能力與文書資源者，他們的紀錄成為歷史存留的唯一憑據。在此脈絡下，「書寫」不只是記憶的保存，也是權威的創造。誰能書寫、誰能命名，便能決定誰是文明，誰是野蠻。

然而，也有少數文獻顯露出對蠻族的同理與理解。例如部分主教書信記錄與哥德信徒之間的對話，便展現語言與信仰上的協調努力，證明教會內部亦存在文化接觸與跨界理解的空間。這些聲音雖非主流，卻為我們理解教會與蠻族關係提供更多層次的歷史證詞。

■第五章　信仰跨界：蠻族政治與教會資源的交換

　　總結而言，教會如何編寫「他者」的史詩，不僅反映其面對外來衝擊的文化防衛，也展現其塑造世界秩序與歷史記憶的能力。藉由建構他者形象，教會不僅定義了蠻族，也重構了自身的角色與使命，將信仰敘事轉化為權力的語言與歷史的架構。

第五節　蠻族語言中的信仰轉譯問題

　　蠻族皈依基督信仰的歷史不僅是政治與軍事互動的過程，更是一場語言轉譯與符號協商的挑戰。當基督教信仰向日耳曼、哥德、汪達爾等族群推廣時，教會發現其神學語彙、儀式邏輯與文本傳統，難以直接植入這些以口語文化為主、語法結構迥異的社群之中。因此，傳教士與主教群體展開一場深具創造性的翻譯實驗，試圖將神學概念融入蠻族語境，促成信仰的語言落地。

　　最具代表性的例子莫過於烏爾菲拉（Wulfila）主教對哥德語聖經的翻譯工程。他於四世紀中葉將《新約聖經》翻譯為哥德語，並為此創造一套書寫系統，以拉丁與希臘字母為基礎發展出哥德字母。這不僅是語言技術的革新，更是一場文化策略，讓哥德人能在自身語境中理解基督教義，並於禮拜與講道中使用母語，使信仰教育更具感染力與親和力。

第五節　蠻族語言中的信仰轉譯問題

然而,語言轉譯過程中也暴露出神學概念的難以等值。例如「上帝」、「恩典」、「罪」、「救贖」等詞彙,在蠻族語言中缺乏精準對應,需以比喻、譬喻與習俗性的語詞包裝。這往往導致基督信仰在早期傳播過程中混合部族神祇的意象,形成某種語意模糊但文化認同強烈的信仰實踐。如「救世主」在哥德語中被稱為「Fraujans」,語源與原部族領袖尊稱相近,隱含王權與神權合一的意象。

語言轉譯亦影響教義的理解與教會權威的建構。在缺乏書寫文化的族群中,教義往往以口述與詩歌形式傳播,這使得信仰學說易受地方文化調整,產生「地方神學」的現象。主教與傳教士需在正統教義與地方習俗之間取得平衡,避免過度誤解卻又不致引發抗拒,這是一種神學上的策略妥協。

此外,語言轉譯過程亦形塑蠻族對羅馬文化的想像。拉丁語作為書寫與教義的正統媒介,常被視為文明與權威的象徵,而蠻族語言則需藉由教會之手才獲得文字化與神學化的資格。這一文化等級觀使語言本身成為文明轉化的象徵資本,使蠻族在接收信仰的同時,也接受了一套語言中的文化階序。

然而,不可忽視的是,蠻族語言的信仰轉譯亦為基督教注入了多元語感與表達方式。這些翻譯作品與教義詮釋,反過來影響了拉丁世界對神學語彙的再思考,亦為後來中古歐洲在語言與信仰上的多樣性奠定基礎。正如烏爾菲拉的哥德

第五章　信仰跨界：蠻族政治與教會資源的交換

聖經被視為歐洲日耳曼語書寫的源頭，語言不再只是工具，而是信仰歷史的參與者與見證者。

總結而言，蠻族語言中的信仰轉譯問題，是基督宗教全球化初期的一場語義試煉與文化實驗。它不僅牽涉語文技術，更牽涉權力邏輯、信仰理解與文化交涉。在這些翻譯實踐中，基督信仰才得以從帝國語境擴展到部族世界，完成一場語言上的跨文明轉化。

第六節
羅馬教會在高盧與不列顛的外交手腕

蠻族進入西歐地區的過程中，高盧與不列顛成為信仰與政治互動的關鍵戰場。此二地不僅地緣重要，更因羅馬帝國勢力逐漸衰退，而出現政權碎裂與宗教秩序真空的局面。面對蠻族的武力入侵與地方政權的重整，羅馬教會特別是教宗制度展現了高度靈活的外交手腕，既透過派遣主教、建立修道院鞏固教勢，又藉由談判與信仰整合介入地方治理，成為中古早期西歐秩序重建的重要主角。

在高盧地區，教會的外交策略首先展現在與法蘭克王國的合作上。克洛維改宗之後，羅馬教宗與高盧主教團迅速整合資源，將基督信仰作為王權正當性的依據，並以宗教節

第六節　羅馬教會在高盧與不列顛的外交手腕

慶、建堂計畫與主教任命為操作手段,逐步重建高盧社會的政治與宗教秩序。主教不再只是宗教領袖,更是地區治理的節點人物,負責協調稅務、仲裁訴訟與收容難民,成為教宗向地方施展影響的中介者。

另一方面,在不列顛地區,羅馬教會則採取更具滲透性的修道外交。西元 597 年,教宗額我略一世（Gregorius I）派遣奧斯定（Augustine of Canterbury）等人前往肯特王國,展開針對盎格魯－撒克遜人的傳教行動。這場行動並非單純宗教工程,而是一場兼具語言教育、文書制度與教會建制的全方位重構計畫。教宗並未直接介入軍事與政治,而是透過修道院建立、聖人崇拜與地方主教制度,逐步將不列顛納入羅馬信仰版圖。

這些外交操作的成功有賴於羅馬教會對地方文化與權力結構的精準解讀。面對語言、風俗與政治制度皆異於義大利本土的族群,教會選擇靈活調整福音詮釋與禮儀形式,避免直接衝突而轉以漸進同化為目標。透過翻譯、地方聖人傳記與圖像敘事等工具,羅馬教會將信仰內涵包裝為可被接受的在地文化資源,提升了宗教接受度與政治妥協的可能性。

更關鍵者,羅馬教會善於在多方勢力間進行平衡與仲裁。高盧與不列顛並非單一王國,而是由多個部族與小型王權構成,彼此競爭與聯盟頻繁。教宗往往透過支持某一方的改宗行動或修道建設來影響其政治走向,同時也保留與敵對

第五章　信仰跨界：蠻族政治與教會資源的交換

部族談判的彈性。這種外交多手策略使教會能在政局未明之際保存力量，亦利於日後主教體制的擴展與資產累積。

羅馬教會在這些地區的成功經驗，使其逐漸形成一種超越帝國疆界的信仰治理模式。即便帝國權力已衰退，教會卻能憑藉語言、文書、禮儀與聖職體系，維繫一套跨地域的政治與宗教網絡。這種治理模式不依賴軍事征服，而依賴文化轉譯與象徵整合，為日後中世紀教廷的普世論述奠定深厚基礎。

總結而言，羅馬教會在高盧與不列顛的外交手腕，展現其將信仰作為政治工具與文化策略的高度成熟度。透過精確的主教任命、策略性的修道建設與柔性的語言轉譯，教宗制度成功在帝國碎裂的空間中重建秩序，開啟了一種以信仰為主體的跨地域治理實驗。

第七節
匈人、奄蔡與哥德的教會政策比較

蠻族政權與基督宗教之間的互動模式各具差異，從匈人、奄蔡到哥德三個族群的教會政策，可見信仰在族群治理中的功能呈現出多樣且具策略性的發展。這些差異不僅反映出各族內部權力結構與文化背景，也顯示基督宗教如何在不同政權下扮演調整、妥協與工具化的角色。

第七節　匈人、奄蔡與哥德的教會政策比較

　　匈人，特別是在阿提拉統治下，對基督宗教大致採取容忍與實用主義的態度。儘管匈人內部並無大規模改宗行動，但阿提拉在與羅馬帝國以及東西教會交涉過程中，明顯展現出對基督宗教結構的了解與策略性利用。他允許基督教社群在其境內存在，主要出於控制與情報考量。例如部份被征服的城市允許保留主教體制，目的是維持社會秩序與間接監控。教會在此扮演邊疆穩定與談判中介的角色，但其神學影響力極為有限。

　　奄蔡人則處於介於匈人與哥德之間的中間狀態。他們多在西高加索地區與西歐邊緣建立聚落，與羅馬帝國亦有頻繁接觸。奄蔡王族中部分成員皈依基督教，並接受尼西亞派或亞流教派教導。其教會政策並無統一方向，而是視所處地區與盟友對象而定。在接近羅馬邊疆地區，奄蔡部族較傾向支持主流教會組織，並允許主教設立教區；而在與東方蠻族或波斯接壤的地區，則偏好較具靈活性與在地化的教會實踐。此種多樣政策反映奄蔡人高適應性的生存策略。

　　哥德人的教會政策則最具體系性，特別是在西哥德與東哥德王國建立後。他們普遍接納亞流教派作為官方信仰，並以之鞏固族群認同與王權合法性。在東哥德王國（以奧多亞塞與狄奧多里克為代表）的政策中，宗教寬容與制度建構並行。他們承認尼西亞派教會的合法性，但將亞流教派置於官方主導地位，並賦予其教育、禮拜與司法的特定職權。西

■第五章　信仰跨界：蠻族政治與教會資源的交換

哥德王國最初延續此模式，但隨著雷卡雷德一世改宗天主教（西元 589 年托雷多會議），正式改採尼西亞派，並對亞流教派教士展開制度整併，實施教會統一。

這些比較揭示了不同蠻族對基督信仰制度性功能的多元理解。匈人視教會為地方控制工具、奄蔡人將信仰作為外交與文化適應的彈性平臺，而哥德人則賦予教會高度制度化角色，使之成為王國認同與統治支柱。教會在其中既是文化轉譯者，也是政治參與者，其命運深受族群策略與外部環境牽引。

總結而言，匈人、奄蔡與哥德的教會政策比較，不僅呈現出信仰與政治間錯綜複雜的互動，也反映教會在蠻族社會中的多元角色與歷史適應力。基督宗教在蠻族世界中不斷被重塑與再定義，最終促成中古歐洲多層次、跨族群的信仰地景。

第八節　邊疆主教與族群中介的雙重角色

在蠻族與羅馬交界處的邊疆地區，主教制度展現出異常複雜的多重功能。作為信仰社群的領袖與地方行政的代表，主教在羅馬帝國解體後的政治真空中，扮演起連結地方與中央、教會與蠻族、羅馬傳統與部族新政權之間的關鍵橋梁。

第八節　邊疆主教與族群中介的雙重角色

他們既是帝國遺產的承繼者，又是新秩序的建構者，展現一種深具靈活性與制度延續力的治理角色。

這些邊疆主教往往被賦予協調族群衝突與文化調解的任務。以高盧、伊比利半島與巴爾幹地區為例，主教不僅負責教會禮儀與教義守護，更需處理蠻族貴族與羅馬居民間的糾紛、商議地方安全與防禦措施、維繫糧食分配與公共建設。在許多實例中，主教甚至成為唯一具有文字與法律訓練的在地領袖，使他們在蠻族統治初期獲得極大政治空間。

主教的族群中介角色亦反映在語言與象徵的雙重轉譯中。他們需懂得拉丁文與當地蠻族語言，以便傳達教義、仲裁訴訟與草擬協定。其身分也在衣著、建築與禮拜儀式中表現出雙重性：既延續羅馬教會的華服與拉丁禮儀，又融入當地族群的風俗與象徵符碼，如在哥德地區以口語講道或在汪達爾地區設立亞流教派教堂以爭取地方支持。

此外，許多主教積極參與部族王權的合法化過程。他們為蠻族領袖主持受洗儀式、撰寫皈依文書，甚至在王權儀式中扮演類似加冕者的角色。這不僅鞏固教會在新政權中的地位，也讓主教成為蠻族王國與羅馬正統秩序之間的象徵性橋梁。由於這種角色具備高度可見性與神聖光環，主教常成為羅馬化的象徵人物，既是過去文明的守護者，也是未來政權的文化顧問。

第五章 信仰跨界：蠻族政治與教會資源的交換

然而，主教的雙重角色也常處於張力之中。過度親近蠻族政權可能導致教內反彈，被視為背離正統；而若過度堅持羅馬傳統，又可能引發蠻族不滿或政治邊緣化。部分主教如亞爾（Arles）與土魯斯（Toulouse）的主教在地位上遊走於王權與教宗之間，展現了靈活與矛盾交織的歷史處境。

總結而言，邊疆主教並非單一宗教角色，而是集語言翻譯、文化轉譯、法律仲裁與政治顧問於一身的複合性治理人物。他們的雙重角色是中古早期政治與宗教空間重疊的結果，也是信仰制度在帝國解體後因應多元主體而自我調整的展現。透過主教這一制度載體，羅馬與蠻族得以在信仰語言中尋求妥協，形塑出跨文化、跨政權的治理新樣態。

第九節　宗教同盟的破裂與種族衝突

蠻族與羅馬教會之間所建立的宗教同盟，雖曾在信仰皈依與王權正當化過程中發揮重要作用，然而這類同盟亦極易因文化差異、政治利益與教義分歧而崩解，最終引發激烈的種族衝突與信仰對立。宗教聯盟的破裂不僅撼動部族王國內部的社會平衡，也暴露出教會治理架構在跨族群整合上的結構性脆弱。

第九節　宗教同盟的破裂與種族衝突

最具代表性的例子出現在西哥德王國。該國原採納亞流教派為國教，與主流尼西亞教會保持距離，雖在初期維持相對和平共存，然而隨著尼西亞派信徒逐漸成為多數人口，王國內部的信仰張力日益升高。雷卡雷德一世（Reccared I）於589年改宗尼西亞派，試圖整合全國教會並鞏固王權，但這一政策卻導致亞流教派貴族反彈，甚至爆發多起未遂政變，象徵著宗教與種族之間已難調和的矛盾。

類似地，在汪達爾王國與東哥德王國內部，官方宗派與居民信仰間的落差亦成為潛在引爆點。汪達爾君主實施亞流教派優先政策，嚴厲打壓尼西亞主教，導致地方社會普遍不滿，並於拜占庭入侵時迅速瓦解防衛體系。東哥德則雖維持形式上的宗教寬容，但教士群體與哥德貴族間的不信任仍隱約可見。這些事件顯示宗教制度若無法涵蓋多元社群，便可能成為政權脆弱點。

此外，宗教同盟的破裂也常與外部政治干預相伴而生。拜占庭帝國長期支持尼西亞教會，並以此為干涉蠻族政權內部事務的正當性藉口。例如在汪達爾王國，拜占庭帝國屢以教會迫害為由進行軍事干預，將宗教衝突轉化為地緣政治行動。在西哥德與倫巴底人統治下的義大利地區，羅馬教宗也多次向法蘭克王國請求支援，以維護教會利益為名，實質參與族群內戰。

第五章　信仰跨界：蠻族政治與教會資源的交換

宗教同盟的破裂往往伴隨著種族劃界的強化。教會在信仰衝突中往往將對立者標記為「異端」、「蠻族」或「背道者」，透過語言與象徵強化內外界線，進而為暴力行動創造正當性。這不僅破壞教會原本的普世論述，也使宗教成為族群動員的工具，信仰由整合力量轉為排除機制。

總結而言，宗教同盟的破裂與種族衝突揭示了中古初期政教關係中的雙重困境：信仰制度在提供政治整合之初確有其功效，但一旦無法包容多元信仰或成為權力操作工具，便容易轉化為分裂根源。宗教既能創造秩序，也能製造仇恨，這種矛盾正是蠻族世界與教會體制持續磨合的歷史核心。

第十節　從化外人到帝國內的基督徒蠻族

隨著蠻族政權逐步穩固與基督宗教的深度滲透，原本被視為化外之民的日耳曼與其他蠻族群體，逐漸從帝國體制之外的異族位置，轉化為帝國秩序內部的基督徒一員。這一身分轉變並非單純宗教皈依所致，而是一個涵蓋文化調整、政治協商與法理重構的過程。蠻族在成為帝國基督徒之前，必須先被教會納入信仰架構，再透過制度性承認，獲得社會與法律上的身分轉換。

第十節　從化外人到帝國內的基督徒蠻族

這一過程首先表現在宗教語言的轉化與標籤重構上。教會早期文獻中常將蠻族稱為「pagani」、「gentes」、「barbari」等用語，用以標示其文化與信仰的他者地位。然而當這些群體接受洗禮並納入教會體系後，這些稱謂逐漸轉變。蠻族領袖被稱為「filii Ecclesiae」（教會之子），整個族群則以「Christiani gentiles」（信主的外族）稱之，顯示出一種介於文化異族與宗教成員間的中介位置。

其次，蠻族王國在法律與制度層面也逐步接納基督宗教的治理邏輯。例如西哥德王國於七世紀頒布的《西哥德法典》（*Forum Iudicum*），將教會法與王國法整合，規定教士特權、信仰誹謗罪與聖物保護條款。這些法律制度一方面強化教會在王國治理中的角色，另一方面亦使蠻族政權擺脫部族傳統，邁向制度化與信仰合法性的轉型。

在社會層面，蠻族基督徒亦逐漸融入帝國文化網絡。教士開始以當地語言教授聖經故事與道德訓誨，修道院成為教育中心與翻譯基地，使得信仰語言逐步內化於蠻族子弟的日常教育。透過命名、洗禮、婚配與朝聖等儀式，蠻族社會接受了基督教的時間觀與生命觀，逐步將自身納入帝國基督徒社會的認同架構中。

然而，此一轉化過程也非全然平順。蠻族基督徒的身分經常遭遇文化偏見與信仰懷疑，特別是在信仰實踐與禮儀差異上，羅馬教士常視其為不完全改宗或迷信餘孽。這種差異

第五章　信仰跨界：蠻族政治與教會資源的交換

迫使蠻族信徒持續調整自我實踐，同時也刺激教會重新思考信仰普世性與在地文化的張力。

到了七世紀末期，日耳曼蠻族在大部分基督教世界中已不再被視為完全的他者。他們成為新興基督教社會的中堅，亦是日後神聖羅馬帝國與卡洛林改革的基礎族群。在這個意義上，「蠻族基督徒」的身分不是矛盾，而是一種融合與再造的結果，象徵中古早期歐洲在信仰與政治重組中的嶄新型態。

總結而言，從化外人到帝國內的基督徒蠻族，是一段多層次的轉型歷程。透過語言標籤的轉換、法律制度的整合與日常實踐的內化，蠻族不僅皈依了基督信仰，更重構了其作為帝國成員的合法性與文化位置。這一歷程不僅說明了信仰的包容性，也展現出教會如何成為社會再組織的關鍵載體。

第六章
苦修與社會對立：
修道生活的階層語言

第六章　苦修與社會對立：修道生活的階層語言

第一節　曠野修士的文化衝擊與模仿熱潮

在基督教由地下走向主流、由受迫害者轉為帝國核心信仰的過程中，一種看似逆向而行的信仰實踐悄然浮現於東地中海地區的曠野與山林間。這些離群索居的苦修者，一開始被視為極端與異端，然而到了第四世紀末期，他們卻成為被朝聖、被崇敬、被模仿的靈性典範。曠野修士的文化現象，正如同一面鏡子，映照出帝國社會在信仰結構快速制度化、教會與政權日益結盟的同時，內部卻浮現出對純粹、對苦難、對原始基督精神的渴望與重構。

最具代表性的例子，當屬聖安東尼的傳奇。他在西元三世紀末期離開埃及的城市生活，獨自一人進入尼羅河東側的曠野，展開極端禁慾與祈禱的人生旅程。他與魔鬼搏鬥、抵抗誘惑、拒絕財富與社會關係，成為後世所謂「神人」的化身。安東尼的事蹟由亞他那修筆之於《聖安東尼傳》中，成為所有修士模仿的藍圖。亞他那修不僅是描寫一位聖人的生平，更是透過這部作品推動一套新的神聖典範，使苦修生活成為一種神學上可被接受、甚至值得推崇的修道方式。這種修道並非僅止於靜坐或禱告，它代表一種與世界隔離、與社會秩序決裂、並且與神性對話的生活實踐。

曠野成為信仰的試煉場，也成為一種宗教地景的創造核心。從敘利亞到巴勒斯坦，從埃及的西奈到高盧山區，修士

第一節　曠野修士的文化衝擊與模仿熱潮

們紛紛效法安東尼的範例，進入荒地、挖洞棲身、斷食靜默，以求與主的親近。在這過程中，曠野不再只是物理空間的邊緣，而被再符號化為靈性中心、恩典之地，是神能夠聆聽、現身與救贖的所在。更重要的是，這種生活方式在傳記、講道與信徒之間所引發的模仿熱潮，也顯示出一種全新的宗教動員能力。聖西門在高柱上的苦行，不但打破人與天的界線，也使苦修者的身體成為信仰的公共展示，成為地方主教與群眾不得不面對的宗教現實。

　　然而，曠野修士並非完全脫離社會。他們的行為雖然以離群為表現，卻也藉此獲得極高的聲望與影響力。地方信徒時常前往探視，尋求祝福、詢問神意、請求醫治，這些互動也讓苦修者從隱居者轉變為具指導地位的靈性導師。這樣的轉變，也促使主教體制對其產生兩難態度。一方面，曠野修士的名望有助提升教區的道德權威，另一方面，這些行為卻時常不受主教節制，甚至對教會體制提出間接批判。主教們逐漸意識到，若無法納入這些修道者，就可能面臨靈性資源的流失與信仰權威的分散。因此，制度化的修道院逐漸興起，成為主教與修士之間的妥協點，讓原本鬆散、個體的苦修行為轉化為集體化、規範化的宗教實踐。

　　這種轉化也牽動了社會階層的重組。原本被視為社會邊緣人的修道者，在曠野文化興起後，逐漸吸引貴族子弟、富裕階級子女參與其中。他們所選擇的苦修生活，儘管在物質

第六章　苦修與社會對立：修道生活的階層語言

上極端簡樸，卻成為一種新的社會榮耀象徵。在這樣的脈絡下，苦修生活不再是社會邊緣人的選擇，而是被賦予靈性階級光環的高尚行動。這種「靈性貴族化」現象，使修道從內在靈修轉變為一種社會展演，乃至形成跨地域的模仿網絡與聲望傳播機制。

性別也是曠野修道現象中值得關注的一環。許多女子，受到曠野聖女故事的激勵，選擇離開家庭、剪髮隱姓，投入修道生活。她們有的假扮男子進入男子修道社群，有的則在女修院中建立嚴格的禁慾制度。這些女性修士往往在文獻中被描繪為堅忍、智勇且超越性別限制的聖人形象，她們挑戰了羅馬社會對女性的期待，也改變了教會內部對女性靈性的界定。這樣的現象顯示，苦修行為不僅是階級重新排序的工具，更是性別角色再定義的場域。

曠野修士的模仿熱潮也激起了教會內部對於真假信仰的辯論。隨著苦修的聲望上升，許多表面上的修道者開始出現，利用「苦修」的姿態博取名望與財物，形成社會與教會都無法忽視的問題。這迫使主教與神學家們進行更細緻的聖人認定與苦修資格的釐清。聖巴西流在其修道規章中便強調紀律、共同生活與服從主教的必要性，意圖將曠野中的信仰能量引導回制度框架之內。

總結而言，曠野修士在基督宗教轉型為帝國宗教的關鍵時刻，提供了一種對信仰純粹性的實踐形式，也成為一套可

以被模仿、被誇張、被制度化的靈性語言。他們不僅改變了宗教地景，更參與了帝國社會結構的再塑。他們的身體成為神聖的文本，他們的生活成為公共的懺悔，他們的傳奇成為教會歷史的重要一頁。在曠野中所展演的靈性，不只是與世界隔絕，更是在世界中重新爭奪意義與秩序的行動。曠野不只是逃避的去處，而是神權、社會、信仰與個體交會碰撞後所誕生的文化轉譯之地。透過曠野修士，我們得以窺見帝國晚期社會與宗教的張力、變化與新秩序的誕生。

第二節　東方禁慾與西方苦行的分野

在基督宗教內部形成穩固組織架構的同時，一種看似統一的修道理想卻在地理與文化差異中迅速分歧。東方與西方對於禁慾與苦行的理解與實踐，不僅展現出神學觀點的差異，更反映出社會條件與歷史經驗的落差。這種差異從第四世紀後期開始逐漸明顯，最終塑造出兩套各自發展、各自神聖化的修道典範，並持續影響中世紀以降的教會生活與信仰文化。

東方世界的禁慾傳統，深受敘利亞、埃及與小亞細亞沙漠文化的影響。自然環境的貧瘠與孤立，使得曠野成為靈性試煉的首選之地。在這樣的地理條件下，身體的受苦、孤獨的祈禱與斷絕人際關係被視為通往神聖的必要途徑。東方修

第六章　苦修與社會對立：修道生活的階層語言

士往往選擇極端的苦行方式，包括長時間的絕食、赤裸行走、甚至完全不與人對話。這些行為不僅為了克制肉體慾望，更是一種與天上世界同步的象徵手段。苦行在此不只是道德操守的展現，更是一場存在論上的演出，是人與神之間距離的縮短與轉化。

相較之下，西方修道傳統則發展出另一種更具組織性、社群性與規律性的苦修觀。以聖本篤在西元六世紀初所頒布的《聖本篤準則》為代表，西方修道開始強調日常生活中的節制與紀律，而非單純的身體折磨。禁慾仍是理想之一，但其重點轉向對慾望的管理、時間的規劃與勞動的秩序。修道院成為一個封閉卻有制度的世界，其內部包含禱告、勞動、學習與默想等多重功能，目的在於將整體社群導向神聖生活。這與東方的個體靈修構成明顯對比，西方的修道生活更像是對世界秩序的一種模仿與濃縮，苦修不再是自我放逐，而是社會秩序再製的靈性工廠。

這種差異並非只是地理或技術的選擇，而是根源於對「神臨在」方式的根本理解。東方修士認為神的出現多半以神祕、不可言說的方式臨到個體，而身體的極端實踐正是為了打破感官世界的遮蔽。修士的苦行因此是一種神祕的語言，一種將肉體轉化為靈體的途徑。而西方修道則受到拉丁理性與羅馬法律傳統的影響，將神的臨在理解為可預期、可教導、可制度化的現象。修道生活成為一種可複製的典範，而

第二節　東方禁慾與西方苦行的分野

非孤絕的個人奮鬥。

在此背景下，我們也觀察到不同的聖人建構模式。東方世界的修道聖人多半以神祕奇蹟與預言能力為象徵，他們的故事充滿與魔鬼搏鬥、預知未來、甚至死亡後屍體不腐等神異描述。這些文本不只是信仰的見證，更成為神學的敘事工具，強化苦修與神力之間的連繫。西方的修道聖人，則多被塑造成理性與紀律的典範，他們以治理修道院、撰寫修會規章、教導弟子為主要功績。這種建構方式正反映出信仰文化中對「神聖」的不同想像：東方強調神的奧祕與超越，西方則追求神的可教導性與可治理性。

這樣的分野亦展現在修道空間的組織上。東方修士多棲身於曠野、山洞或柱上，空間的選擇強調與世俗世界的隔絕與拒絕。而西方修士則集中於修道院這一集體生活的空間，其建築結構、時間安排與內部秩序，都強調與世俗生活的鏡像關係。修道院既是逃避現世的象徵，也是再造世界秩序的模型。東方修道展現出某種靈性的否定性，而西方修道則蘊含重建性的集體動力。

然而，兩者之間並非彼此排斥。東方的苦行精神經由聖撒巴（Sabas）、金口約翰（John Chrysostom）等人傳入拜占庭與巴勒斯坦修院制度後，也影響了集體化的修道型態。而西方的修道院雖有聖本篤準則約束，卻也不乏極端苦修者如羅基（Romanus）或愛爾蘭的苦修行者，其生活方式與東方修

■第六章　苦修與社會對立：修道生活的階層語言

士無異。這種互滲與融合的現象，說明了修道實踐雖因文化背景而分流，但在面對世俗誘惑、尋求靈性純粹的宗教追求中，東西方其實共享著相似的焦慮與渴望。

總而言之，東方禁慾與西方苦行之間的差異，不僅是信仰風格的表現，也是政治、文化與歷史條件交織的結果。它揭示出一種宗教實踐如何在不同制度中被重新解釋與編排的歷程。東方讓人看見靈性極限的挑戰與存在本體的否定，西方則展現了苦修如何進入制度、進入時間、進入社群的可能。這種差異，使修道生活不再只是個人的靈性選擇，更成為基督教文明內部一場長久而深刻的文化對話。

第三節　禁慾生活如何反映階級對抗

在帝國晚期的社會轉型中，修道生活並非一種單純脫離世俗的靈性選擇，而是深刻嵌入社會階層結構中的一種實踐模式。禁慾與苦修的行為在基督宗教初期多被視為一種模仿基督、效法使徒的神聖舉動，但當教會逐漸成為帝國權力體系的一部分時，修道生活的社會功能與階級意涵便浮現於歷史地景中。禁慾生活遂成為一場靈性語言與社會象徵之間的張力演出，其背後蘊藏的是階級秩序的重構與對抗。

第三節　禁慾生活如何反映階級對抗

　　在早期修道文獻中，經常可見聖人出身卑微卻能藉由苦修而獲得群眾尊敬的事例。這些故事的編撰並非偶然，而是建構出一種社會逆轉的神學可能性，使得來自底層的個體得以透過身體的痛苦與節制，在精神層面超越貴族與官僚的權威。這種靈性的顛覆性，不僅賦予下層階級一種象徵性的主體位置，也挑戰了原有的羅馬社會結構。然而，這種反轉本身亦非完全去階級化，而是在宗教象徵中重塑了一種新的階層語言，即「屬靈貴族」的興起。

　　這種屬靈貴族的形象往往透過極端禁慾行為獲得文化正當性。斷食、沉默、遠離城市、破壞身體舒適性，這些行為在修道者之間不僅是修練方式，更是一場彼此之間的競逐。在敘利亞或小亞細亞的曠野中，修道者之間會彼此仿效甚至超越對方的苦行程度，以爭取群眾的敬仰與朝聖者的支持。在這樣的語境中，禁慾成為靈性權力的資本，而這種資本的累積，也產生了另一種無形的社會階層劃分。那些苦行「成功」者，逐漸被推崇為靈性菁英，而一般信徒或未能從事苦修的神職人員，則被邊緣化為次等的宗教參與者。

　　修道院的形成與擴張更進一步加劇了階級化的制度化進程。尤其在西方世界，當修道生活逐漸與土地經營、財產管理與知識生產結合時，修道者不再只是靈性抗世的代表，更成為地主與文化管理階層的一環。許多貴族家庭安排子弟進入修道院，不僅為了宗教功德，更是為了掌控宗教資源與擴

第六章　苦修與社會對立：修道生活的階層語言

張家族勢力。在此情境下，禁慾生活反而成為階級再製的溫床，使得原本帶有社會批判意味的苦修精神，反被吸納進統治階級的權力網絡中。修道院的莊園化、書院化與神職世襲化，使階級對抗被包裝成宗教紀律的一部分，階級差異不再明目張膽，而是透過神聖符號悄然延續。

在東方教會中，這種階級張力則以不同方式表現。拜占庭時期的皇室與貴族大量捐助修道院，並期望透過與修士結盟來強化其宗教合法性。許多曠野修士原本因苦行而聲名遠播，最後卻被納入宮廷網絡、獲得資助與庇護。修士的名望成為皇權形塑的工具，而修士也藉此獲得保護與地位。這樣的雙向交易，使得禁慾不再是純粹的抗世選擇，而是資源交換與社會調和的象徵。修道生活在這樣的體制中，一方面延續其象徵性挑戰，另一方面卻也成為階級妥協的結果。

這種現象在女性修道者身上亦可觀察。雖然許多女性透過修道擺脫婚姻與家庭角色的束縛，進入一種「去性別化」的靈性生活，但修道院內部同樣存在地位、血統與財產背景所造成的階級分層。貴族出身的女修會被安排管理職務，掌握修院資產和與主教往來的政治關係，而貧困出身者則多從事勞役與服侍。在此情境下，禁慾的平等想像遭遇現實階級的滲透，使修道院在精神訓練之餘，也再現社會不平等的結構。

因此，禁慾生活雖然以超脫世俗為其表面特徵，實則深度參與了階級再劃分與象徵秩序的重塑。它既可能成為底層群體爭取精神主體性與社會位置的手段，也可能被上層權力收編為宗教統治的象徵機器。修道者的苦修形象，處於批判與合作、抗議與認同、拒絕與吸納之間，顯示出宗教實踐中階級張力的複雜性與歷史動態。

第四節　修道院成為貴族子弟的避風港

在帝國社會逐漸走向階層穩固與權力集中之際，修道院的角色悄然發生轉變，從原本靈性抗世的庇護所，逐漸演化為上層階級用以安置年輕子弟與重組家族權力結構的空間。這一變化並非突如其來，而是源自長期以來修道生活與社會制度互動的結果。修道院作為宗教空間，原本標榜出世、禁慾與靈性純化，然而在現實社會中，它卻日益成為貴族子弟的避風港，一處既可維繫社會地位、又不需正面投入政治競爭的「安置型空間」。

許多貴族家庭，尤其是多子家庭或處於權力邊緣的次子，往往會選擇將子弟送入修道院。這種安排表面上是出於對宗教的敬虔與修道功德的追求，實際上卻反映出一套對於家族資源再分配與政治風險控管的現實策略。修道院提供了

第六章　苦修與社會對立：修道生活的階層語言

這些貴族子弟一條不需爭奪世俗權位卻仍能保有社會影響力的途徑。成為修士，尤其是擔任修道院院長或主教，並不意味著退出權力場域，反而可能透過神職身分重返政治中心，並在教會系統中取得穩定甚至上升的社會階位。

這種情況在西歐尤為明顯。自卡洛林王朝以來，許多貴族與王族的子弟在幼年即被送入修道院培養成修士，其人生幾乎與宗教制度緊密連結。修道教育提供了拉丁文、神學、文法與修辭的訓練，使這些子弟未來能擔任行政文書或主教職位，進而影響王權與地方治理結構。修道院因此不僅是信仰空間，更是上層階級掌控文化資本與行政權力的培訓場域。

在拜占庭帝國，修道院作為貴族子弟避風港的功能亦不容忽視。東羅馬貴族尤其重視透過修道院來安置未婚女子與退位官員，並以大量捐獻支持其運作，從而換取神聖名聲與社會穩定。許多修道院由皇室直屬掌控，其內部規模龐大，資源豐富，成為貴族網絡延伸的重要據點。修道院與皇宮之間的關係也相當密切，許多前高官、太監或皇室旁支成員皆在修道院中度過餘生，維繫其尊貴地位，同時避免捲入權力鬥爭。

修道院的這一角色，使其逐漸產生雙重性格。一方面，它依舊維持靈性與出世的外觀，強調禁慾、祈禱與共同生活；另一方面，卻實質扮演政治安全閥的功能，收納那些在世俗場域中無法競爭或不宜競爭的高階子弟。這使修道生活與家族戰略、社會階級之間形成一種微妙的互動關係，讓宗教修

行不再只是靈性的選擇,而成為制度化的社會分工之一。

此外,修道制度的嚴格性與制度化,也為這些貴族子弟提供一種可預測、穩定而不失尊嚴的生涯路徑。在社會動盪或政局不穩時,進入修道院意味著擁有相對獨立的資源、文化培育與象徵性榮耀,亦可透過修道生涯回應家族的聲望需求。從這個角度觀之,修道院提供的並非逃避,而是一種另類延續,一種將貴族秩序投射進神聖領域的社會機制。

修道院成為貴族子弟的避風港,顯示出修道制度從原初的靈性實踐,轉化為結構性社會功能的過程。它證明宗教空間並不總是與世隔絕,而是能與世俗權力緊密共舞,甚至主動吸納其邏輯,重塑一種以禁慾為表象、以穩定階級秩序為實質的權力平衡體系。這種修道制度的雙重性與階層策略,不僅重寫了貴族青年的生涯想像,也讓宗教實踐在中世紀社會中成為不可或缺的階級調節工具。

第五節　修會規章與財產集體管理

修道制度之所以能在中古時期成為一種穩定且持續擴張的宗教機構,其根本關鍵不僅在於靈性操練或社會角色的轉化,更在於其制度層面的規範與資源管理的高度集體化。從東方沙漠的曠野修士到西方修道院的有序團體,修道生活逐

第六章　苦修與社會對立：修道生活的階層語言

漸擺脫個體化的靈修實踐，轉向一種帶有準社會性與制度性的共同生活模式，而其運作核心則在於嚴格的規章制度與財產的集體管理。

早期的修道社群多倚靠口傳的規律維繫共同生活，但隨著人數增加與地位上升，書寫化的規章逐步取代個人權威，成為社群運作的基本框架。在東方，聖巴西流（Basil of Caesarea）便於四世紀中葉訂立了一套被稱為《修道規章問答錄》的文獻，強調順從、工作與禁慾之間的平衡。他主張修士應在集體生活中實踐基督徒美德，並對財產完全放棄個人所有權。這種強調群體紀律與財產共有的觀念，不僅對東方修道運動產生深遠影響，也為後來拜占庭帝國官方承認修道社群的合法性提供制度依據。

而在西方，聖本篤於西元六世紀初訂立的《聖本篤準則》，更是將修道院的日常生活、祈禱時程、勞動分工乃至院長權責加以條文化，形成一種近似於宗教型社會自治體的規模。這套會規對財產處理亦極為嚴格，明文禁止修士擁有個人財產，所有捐贈、收入與土地皆歸屬整個修道團體所有，並由院長統一管理。這種制度安排，不僅使修道院具備了經濟運作的穩定性，也創造出一種與世俗經濟不同的「神聖經濟空間」。

在實際運作中，修道團體透過制度性的財產管理逐漸累積大量土地與物資資源，進而成為中古歐洲社會中重要的經

第五節　修會規章與財產集體管理

濟單位。許多修道院除本身擁有農地與莊園外，還掌控釀酒、織布、書寫與教育等生產與知識功能。修士們雖表面上遵循禁慾與簡樸的原則，但其集體財產卻在修會制度保護下持續成長，乃至在某些地區取代貴族成為地方的主要地主與行政仲介者。這種以集體名義擁有與運作的經濟權力，避免了個人財富累積的道德爭議，卻也使修道團體與社會結構產生密切而矛盾的連結。

在拜占庭與西歐皆可見修道團體透過會規條文精細規範修士生活的各個層面，從飲食數量、睡眠時間、服裝材料，到工作型態與講道頻率皆有明確規定。這些制度的細緻化，目的在於將每一位修士的行動納入整體秩序，藉此維繫集體的靈性整合。與此同時，這種規章也保障了集體財產的安全與有效運作，使外部捐獻能夠有效轉化為宗教資本，鞏固修會在社會中的物質與象徵地位。

然而，集體管理並不總能避免濫權與爭議。修會院長的任命與繼承，往往成為內部權力鬥爭的焦點；對財產的運用也屢有爭議，甚至引發教區主教或世俗領主的干預。為了防止修士與外界共謀侵占財產，許多修會規章特別強調監督制度與對外來資源接受的限制。修道院的財產管理因而不只是經濟操作，也成為一種宗教政治操作，涉及信仰純潔性、教會正統性與社會信用的多重層面。

■第六章　苦修與社會對立：修道生活的階層語言

　　總體而言，修會規章與財產集體管理的制度建構，是中古宗教生活得以制度化、永續化的根本支柱。它不僅塑造了修道院的內部秩序，也賦予修士一種可持續的靈性實踐模式，使宗教生活不再僅仰賴個體的情感熱忱，而是嵌入制度化的時間規律與財產制度中，成為帝國社會中最穩定而持久的精神社群之一。

第六節　隱修生活與地方豪族的妥協策略

　　在理想的修道敘事中，隱修生活應當遠離世俗、排拒權力與財富，專注於祈禱、苦修與神的臨在。然而，實際的歷史發展卻顯示，隱修團體與地方豪族之間往往存在著密切且互利的關係。修道者若要在長期中生存並維繫社群的基本需求，往往不得不與地方權力結構進行交涉，而這些妥協策略形塑出一套與原初禁慾精神表面矛盾卻在現實中必須運作的宗教政治互動模式。

　　隱修生活最初的誕生，本以遠離城市與家庭為其基本特徵。然而，當修道生活不再只是個體行為，而是組織化、地區性與經濟化的團體實踐時，其生存與發展便不可避免地需要土地、資源與庇護者。在這個前提下，地方豪族的角色變得不可或缺。許多修道院的初建，即是仰賴地方貴族的土地

捐贈與人力支援，雙方透過捐助與代禱的交換機制，建立一種兼具宗教與社會穩定功能的合作模式。

這樣的交換並不等同於臣屬或控制，而是經常呈現出妥協與協調的彈性安排。修道院提供豪族子弟進入修會的通道，作為家族分支的安置場域，同時也為地方信徒提供可接近的靈性資源與宗教正統性認證。豪族則透過對修道院的捐贈鞏固其社會地位，將靈性功德轉化為家族榮耀，並以修院為平臺與教會高層建立長期關係。在拜占庭與西歐皆可見修道院成為地方社會文化與宗教活動的核心，其影響力甚至超越教區主教的範疇。

為了維持這種平衡，修會制度中發展出一套「受贈但不從屬」的話語與實踐策略。修士們在文獻中強調感謝而非依賴，主張其靈性獨立性不受捐贈者左右，卻又在實際操作中接受大量來自豪族的土地、牲畜、建築材料與經濟支持。有時候，這樣的支持更轉化為修士與豪族之間的義務交換，例如為家族亡者舉行彌撒、在修院內設立家族墓區或供奉牌位等，象徵雙方的神聖結盟。

這種結盟在政治不穩或宗教衝突時期更為顯著。當中央權力衰退、教區治理鬆動時，地方修道院便常常扮演起社會仲裁與安全庇護的角色。豪族若因政爭失勢或遭迫害，往往選擇退入修道院尋求庇護，反過來亦可能保護修士免於外力干涉。在這樣的互動中，修道空間不再只是靜默祈禱的所

第六章　苦修與社會對立：修道生活的階層語言

在,更是地方權力運作與再協商的重要場域。

然而,這種妥協也帶來諸多張力與批評。一方面,部分修士擔心過度依附地方豪族將導致修道精神的腐化與靈性純潔的喪失。另一方面,豪族若干預修院內部事務,如院長任命或財產分配,則會引發內部分裂與外部不滿。因此,許多修會規章中對捐贈關係加以限定,禁止修士接受私人禮物,並要求所有資源均須進入公共財產系統。透過這種制度化管控,修會試圖在實踐中維持道德與秩序的平衡。

儘管如此,地方豪族與修道院之間的妥協策略仍展現出一種宗教實踐的歷史現實性。它揭示了信仰制度如何在社會環境中尋求生存空間,並與既有權力網絡互動而非單純對抗。修道者的理想雖在曠野中誕生,卻往往需在村落、城市與貴族宅邸的邊界處調整其實踐方式。這種調整不全然是退讓,有時也是修道制度自我保存與靈性影響力擴張的表現。從這樣的互動中,我們得以理解宗教制度如何透過妥協達成穩定,並在權力與禁慾、出世與介入之間,尋得一條持續運作的中介之路。

第七節　修道經濟與農村控制

在中古基督教世界中，修道院並非僅為靈修祈禱的空間，它同時也是社會與經濟秩序中不可忽視的實體。隨著修會制度的發展與修士人數的擴增，修道團體逐步從倚賴捐贈的宗教社群，演變為主導土地經營與農村秩序的經濟單位。修道經濟不僅展現了宗教實踐與生產活動的融合，也展現出教會如何透過制度建構介入並主導農村世界，形成屬於神權體系下的社會控制機制。

自從貴族與王權大規模將土地捐贈給修道院開始，這些宗教團體迅速成為大片土地的擁有者。修士們不僅管理這些土地，更在上面建構農舍、水車、倉儲與道路，並規劃長期的糧食儲備與再分配制度。與封建領主不同的是，修道院透過集體經營與制度性會規，建構出一種具備宗教正當性與倫理包裝的地主形象。農民在修道體制下，不再只是勞動者，而是神的僕人，對修士的勞動貢獻被轉化為一種宗教功德，修道院則以分派穀物、提供庇護與救濟的方式，維持其作為地主與牧靈者的雙重角色。

在西歐的諸多地區，修道院發展出穩定的租佃制度與稅收機制。農民被編入修道院轄下的土地系統中，需定期繳納作物或以勞動代替稅負，並接受修士在農業技術、節令安排與村落紀律上的直接指導。這些機制實質上將農民的生產與

第六章　苦修與社會對立：修道生活的階層語言

生活節奏納入宗教曆法與修會時間規律之中，農村生活不再僅受自然節律支配，也要服膺於神職群體所制定的時間安排與空間秩序。

在拜占庭地區，修道院的農村控制形式則較為分散，但其經濟影響同樣深遠。東方修會較少形成大規模領主體系，但在各地設有附屬農場（metochion），以支撐母院的日常生活與祭儀所需。這些農場多由僧侶派駐管理，與當地農民或小地主保持密切互動。修士們在農業技術與灌溉管理上的知識，使他們成為地方上重要的生產顧問與技術推動者。修道院的糧食儲藏、油品製造與果園耕作，不僅供內部自足，也參與當地市場流通，進一步擴展其經濟與社會影響力。

修道院的農村控制亦牽涉到人口管理與勞動配置。透過設立農村小教堂、開辦慈善機構與教育單位，修士群體在經濟治理之外，也積極形塑農民的信仰生活與倫理行為。懺悔、節慶、齋戒與禱告成為農民日常生活的一部分，修道院成為宗教訓誡與社會紀律的中介者。在某些邊陲地區，修道院更承擔起邊疆定居、土地開墾與軍政協調的角色，形同帝國的行政代理。

不過，這樣的經濟擴張也引來不少質疑與反彈。當修道院累積過多土地、壟斷糧食市場或徵稅過重時，往往成為批判焦點。尤其是宗教改革以前的晚期中世紀，許多平民與市民對修士富裕生活與農村剝削產生不滿，導致修道院形象出

現反轉,從慈悲象徵轉化為貪婪代名詞。這迫使若干修會進行自我改革,強化財政透明、減少貴族干預,並在部分地區恢復初期的貧苦理想。

整體而言,修道經濟與農村控制顯示出宗教實踐如何深度介入生產關係與社會結構。修道院並非隱世孤島,而是活躍於土地管理與人口治理的核心單位。它一方面以禁慾與簡樸作為倫理包裝,另一方面卻建立起一套制度化、持久化且具宗教合法性的農村支配機制。透過這樣的實踐,修道生活跨越了靈性與物質的界線,構築出一個兼具神聖光環與社會功能的農村治理體系,其影響遠超出宗教領域,滲透至中世紀社會的基層肌理。

第八節　女性修道空間與性別規訓

女性在基督宗教修道傳統中的地位,長期處於曖昧與矛盾之中。從聖經的救贖敘事到教會的神學詮釋,女性既被視為靈性懷疑的對象,也是潛藏神聖可能的容器。這種二元評價深深影響了女性修道空間的形構與性別規訓的展開。女性修道制度的出現,表面上提供女子一條逃離婚姻、市井與世俗支配的替代道路,實際上卻也將她們納入一套更為嚴格、細緻且高度制度化的身體與思想規管機制。

第六章　苦修與社會對立：修道生活的階層語言

　　早期基督教的女隱修者往往效法曠野苦行者，以孤立、斷食、默禱的方式實踐與神的結合。這些女性多半來自上層社會，透過拋棄財富與家庭義務，轉向苦修生活，表現出與當代女性形象截然不同的抗世姿態。她們的故事在聖人傳記中被賦予神聖性，顯示女性在修道生活中亦具備靈性成聖的可能。然而，隨著修女制度逐步制度化，這類極端個體化的靈性實踐被納入修道院體制之中，女性修道生活的空間也開始產生結構性的變化。

　　女性修道院的出現，一方面是為了維持女性禁慾生活的穩定與可控性，另一方面則反映出教會與社會對女性身體與靈性的雙重不信任。修道院的空間設計強調封閉、自足與對外隔絕，不僅防止外來干擾，更意圖阻止修女與世俗社會，特別是異性之間的任何交往可能。女性修道生活在此情境下，不再只是靈性追求，而是與性別倫理、家庭解構與社會紀律緊密糾纏的實踐領域。

　　修女的日常生活被高度規範化。從起居作息、服飾穿戴到說話內容，皆須遵守嚴格的會規與儀軌。許多修會明文規定修女不得單獨行動、不得接觸外來信徒、不得私藏書信或物品。這些規定背後所反映的，是對女性意志與情感控制的深層焦慮。女性修道者被期望展現出超越肉體、服從團體、絕對服膺靈性導師的理想形象，而任何情感波動、外貌修飾或親密互動都被視為墮落的前兆。女性修道空間因此成為一

第八節　女性修道空間與性別規訓

處由宗教倫理、男性神學與社會父權共同建構的紀律機器。

然而，在此高壓規訓體系中，女性修道者仍展現出其主體能動性。許多修女藉由學習拉丁文、抄寫聖經、撰寫靈修札記，建立起獨特的宗教知識與書寫傳統。在中世紀晚期，甚至出現一批以神祕經驗著稱的女修道者，如赫德嘉·馮·賓根（Hildegard of Bingen）與聖加大利納（Catherine of Siena），她們不僅在神學上發聲，更成為教會政策與政治輿論的重要參與者。這些女性修士雖身處制度封閉的修院之中，卻能以其靈性威望與書寫能力，超越空間限制，介入更廣大的信仰與社會場域。

女性修道制度亦為貴族家庭提供了安置女子的社會機制。許多家族將年幼女兒送入修院接受教育與靈性訓練，不少女子終其一生未曾離開修院。這些女性雖名義上脫離婚姻體制，實則仍被納入另一套父權結構中。修女院的院長常來自貴族家庭，具有極高的管理權與經濟自主能力，其地位等同於世俗社會中的領主，顯示女性在修道空間中亦有可能實現社會階級的再生產與權力的再配置。

性別規訓在修道語境中往往以神聖之名進行包裝，實則形塑出對女性慾望、思想與空間的全面規管。從遮蔽身體、規範語言到限制行動，修女生活的每一細節皆受制度約束，並以靈性純潔為其最高理想。然而，這種純潔並非自然生成，而是透過不斷自我監控與外在檢視所構築。女性修道生

第六章　苦修與社會對立：修道生活的階層語言

活於是成為一場持續的表演與鍛鍊，其所承載的不僅是個體靈性的成長，也是整個宗教社會對女性角色的投射與操控。

總結而言，女性修道空間既是信仰追求的場域，也是性別秩序再製的現場。它提供女性某種程度的靈性自足與文化參與，卻也將其納入更深層的性別規訓體系之中。在靜默的修院牆內，一場關於身體、語言、權力與聖潔的長期賽局悄然展開，形塑出中古宗教世界中極具張力與意義的女性修道書寫與生活實踐。

第九節　反修道批評與信仰虛偽的揭露

在修道制度日益制度化並獲得社會廣泛認可的同時，來自教內外的批評聲浪亦隨之增強。這些反修道的言論不僅針對個別修士或修院的行為偏差，更深刻質疑整個修道體系所建構的神聖形象與其背後的權力與財富邏輯。從神學家的辯難到庶民文學的嘲諷，從教會內部改革派的質疑到世俗知識份子的諷刺，對修道制度的批評構成一股持續性的宗教反思與社會揭露力量。

早在第四世紀，耶柔米（Jerome）與金口約翰（John Chrysostom）等教父即曾警告修士不得藉修道名義逃避勞動或濫用信徒信任。這些早期批判多半出於對修道生活理想的珍

第九節 反修道批評與信仰虛偽的揭露

視,期望透過糾正偏差來維護修道本質。隨著修道院財產的激增與社會地位的鞏固,越來越多神學家開始指出某些修會已陷入形式主義與靈性懈怠。例如:卡西安(John Cassian)在其對埃及修士的描寫中,即多次警惕「外表禁慾而內心傲慢」的危險,指出修道者易受名聲、權力與自義心態腐蝕。

進入中世紀中葉後,反修道的批評逐漸從教內流向教外。庶民階層對修士富裕生活的觀感惡化,諷刺修士貪吃懶惰、擁有私產、干涉市政、壟斷教義詮釋的言論屢見不鮮。中古庶民詩文如《耕者皮爾斯》(*Piers Plowman*)與法國諷刺詩《狐狸傳》(*Le Roman de Renart*),皆描繪貪婪修士與虛偽修女的形象,反映出信仰大眾對修道制度的深層不信任。這些文學作品透過諷刺與寓言揭露修道者與其所宣稱的「聖潔」之間的鴻溝,並藉此呼籲宗教生活的真誠與返本。

在知識階層中,對修道制度的懷疑亦愈發明確。十二世紀以降的大學興起,使得世俗教育與神學講授逐漸擺脫修會壟斷,一些學者開始批評修道制度對思辨自由的壓抑,特別是在異端審查與講道控制方面。部分學者如阿伯拉爾(Peter Abelard)或威克利夫(John Wycliffe),便在其著述中質疑修道生活與福音精神是否真能契合,並指出修道院所代表的集體組織已無法回應時代對信仰的真實渴望與倫理訴求。

這些批判在十四至十五世紀宗教改革的先聲中達到高峰。胡斯派(Hussites)、羅拉德派(Lollards)等運動皆主張打

第六章　苦修與社會對立：修道生活的階層語言

破修會壟斷、廢除不勞而獲的神職俸祿與土地特權。雖然這些運動多遭打壓，卻已在社會上激起對「虛偽信仰」的廣泛不滿，逐步揭示修道制度作為宗教與社會權力結構一環的本質。到了十六世紀的馬丁·路德，其攻擊賣贖罪券與修道制度虛假功德的立場，最終推動新教對修道制度的全面拒斥，掀起宗教改革的劇烈浪潮。

然而，值得注意的是，反修道的批評並非全然否定苦修生活本身，而是針對修道制度與其所呈現出的表裡不一。許多批評者仍肯定原始修道精神，甚至主張回歸初期教父的清貧與謙卑理想。這也促成教會內部的修會改革運動，例如熙篤會、嘉布遣會與濟貧會的興起，皆試圖以更嚴格的會規與清貧生活重塑修道精神的純粹性。

因此，反修道的批評應被理解為一種宗教體制內部的自我調整機制。這些批評揭露了修道制度如何在制度化過程中走向世俗化與權力化，並提醒信仰社群須持續檢視其靈性實踐是否忠於福音精神。信仰的真誠與虛偽、禁慾的實踐與表演之間的張力，正是宗教歷史中不斷迴盪的主題。在這張力之中，修道制度既可能墮入權力腐化的深淵，也能因應批評而重生，回歸其最初的靈性召喚與倫理責任。

第十節　修道者的死亡與聖性政治遺產

修道生活的終點，往往不僅是一段個人靈性歷程的結束，更是宗教社群所建構的神聖象徵與集體記憶的開始。在中古社會中，修道者的死亡不只是私密的生命終章，而是整體信仰文化中極具意義的儀式節點。透過死亡，修士的生命被再次詮釋，從凡人轉化為神聖遺緒的媒介，其身體、墳墓、遺物乃至死亡敘事皆被納入聖性政治的運作體系之中，形塑出一套超越個體的信仰遺產工程。

從聖安東尼、聖本篤到中世紀地方修會領袖，修士的死後紀錄往往不止於訃聞或簡單墓誌，而是以聖人傳記、奇蹟錄與追思儀式的形式傳世。這些文本與儀式將修道者的死亡轉化為神聖見證的場景，強調其臨終前的平靜、異象、遺言，甚至屍體的芳香、不腐與治癒力量。這些現象在當時被視為神的認可與靈性的高峰，進而支撐修會或修道院的聖性資本。死亡不只是靈魂歸主的瞬間，更是修會集體記憶的建構起點。

這類聖性敘事的編撰與傳播具有明顯的制度意圖。修道團體會刻意保存、撰寫與頌揚特定修士的死亡細節，並將其墓地、遺物轉化為朝聖地與神聖空間。例如：聖高德利克（Godric of Finchale）與聖卡斯伯特（Cuthbert of Lindisfarne）等地區性修士的墳墓，皆成為朝聖者聚集與修會聲望提升的

第六章　苦修與社會對立：修道生活的階層語言

關鍵節點。透過遺體的安置與顯聖敘事的生產，修道團體不僅保存個體記憶，更構築出延續性的宗教資源，並與地方政治、經濟緊密結合，成為修會永續發展的重要依據。

聖性政治亦展現在對遺體的管控與轉移上。遷葬、分靈與遺物流通成為中世紀修會競逐象徵資源的手段。某些修道院為爭奪一位聲名顯赫修士的遺體，不惜與主教或王室衝突，其目的在於確保該修會擁有與該聖人綁定的靈性資本與朝聖經濟。修士之死因此牽動著整個宗教場域的再分配，不僅影響信仰空間的權力重構，也介入地方社會的經濟與秩序治理。

此外，修道者的遺言與臨終行為常被視為道德範本與靈性教材。許多修會會將某位修士臨終時的禱詞、苦痛承受、告解與寬恕過程記錄成冊，用以教育年輕修士並增強社群的神聖連結感。這些文本不僅具備情感慰藉功能，更成為維繫修道紀律與靈性標準的重要媒介。死亡在此不僅是個人事件，而是修會制度延續與傳承的一部分，承載著倫理、神學與權力三者的交會意涵。

女性修道者的死亡也呈現類似的象徵意涵。從中世紀聖女如亞西西的加辣（Clare of Assisi）到亞維拉的德蘭（Teresa of Ávila），其死亡與遺體管理同樣受到嚴密儀式化，並成為修女團體與女性靈性正統性的象徵。修女之死特別強調純潔、服從與靈性勝利，其遺體常被保存在修院之中，成為女性修道社群身分的核心象徵。

第十節　修道者的死亡與聖性政治遺產

然而，這種對死亡的聖化亦可能被濫用為權力操作的工具。某些修會在無明確奇蹟或虔行紀錄的情況下，仍試圖將亡者塑造成聖人，以擴張其象徵資本與朝聖利益。這類作法曾引發教會高層的質疑與規範，促使教宗制度進一步介入聖人認定與遺體管理過程，試圖在地方修會的象徵操作與整體教會紀律之間維持張力平衡。

總體而言，修道者的死亡不只是終點，更是宗教社群神聖政治的起點。其所遺留的不僅是靈性的見證，也是組織的象徵資源、記憶工程與權力操作的中心。透過死亡的聖化、遺體的制度管理與遺產的敘事化，修會得以將個體生命轉化為永續性的信仰資本，使靈性實踐超越個人，化為整個信仰共同體歷史中不可或缺的一部分。

第六章　苦修與社會對立：修道生活的階層語言

第七章
聖地與朝聖：
信仰空間的建構與重寫

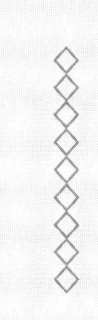

第七章　聖地與朝聖：信仰空間的建構與重寫

第一節　耶路撒冷的再神化過程

耶路撒冷在猶太教、基督宗教與伊斯蘭教三大信仰傳統中皆占據核心地位，其作為聖地的歷史淵源既古老又多層。但對於基督教而言，耶路撒冷的「神聖性」並非一成不變的繼承，而是在歷史演變中經過重複建構與詮釋的結果。尤其在羅馬帝國皈依基督教後，這座城市的宗教地位經歷了一次深刻的「再神化」歷程，使其由一座過往記憶的廢墟，轉化為神學意義的現場與朝聖地的空間中樞。

早期基督徒並未立即將耶路撒冷視為必須親赴的聖地，反而因其為耶穌受難之地而帶有某種警惕意味。保羅書信中的敘述強調信仰超越空間，不拘泥於任何特定地點。然而隨著教會制度化與基督論興起，耶穌受難、復活與升天之地的地理定位被重新賦予神聖意義。這一轉變在第四世紀尤為明顯。君士坦丁大帝於《米蘭敕令》頒布後正式支持基督教，並派其母海倫娜前往耶路撒冷尋找耶穌受難的聖跡，開啟了耶路撒冷基督教化與聖地再發現的歷程。

聖墓教堂的建造是耶路撒冷再神化的關鍵象徵。該建築群不僅象徵著耶穌被釘十字架與復活的地點，也藉由建築空間的安排，引導朝聖者進入一場靈性旅程。從哀傷的受難現場到光榮的復活墓穴，信徒在穿越建築的同時，也重走基督苦路，體驗一種空間化的信仰歷程。這種地景神學的構築，

第一節　耶路撒冷的再神化過程

使得耶路撒冷不再只是記憶之地，而成為一座可以親身經歷的神學現場。

這場神聖地景的重建亦涉及政治考量。耶路撒冷的基督教建築計畫不僅是信仰的見證，也彰顯君士坦丁王朝的宗教正當性。將耶穌的生命歷程空間化，並加以建築性詮釋，實際上鞏固了君主與基督之間的神聖連繫。耶路撒冷的神聖性因此不僅是靈性的象徵，更是帝國政治神學的延伸。在這個意義上，耶路撒冷的再神化是一場由上而下的空間神學工程，其背後隱藏著權力、信仰與地理的深層協商。

進入拜占庭時期，耶路撒冷的聖性敘事更加深化。無論是地方主教的努力，抑或來自安條克與君士坦丁堡的教會競逐，耶路撒冷逐漸成為基督教宇宙觀的中心。朝聖活動日益頻繁，並形成特定的路徑與儀式格式。來自各地的信徒匯聚於此，不僅為了獲得恩寵與治癒，也透過參與聖地活動重新確認其信仰與宗教身分。這樣的空間運作使耶路撒冷從帝國邊陲轉化為象徵性的核心，其神聖地位遂得以在跨地域信仰網絡中穩固下來。

耶路撒冷的神聖空間亦經歷多次物理與象徵重建。波斯入侵與伊斯蘭征服對城市造成毀壞，但並未消解其作為基督教聖地的意義。相反地，每一次破壞與重建的過程，都促成新的神聖詮釋與信仰更新。特別是在十字軍東征期間，耶路撒冷不僅是戰略要地，更被重新包裝為奪回「神聖遺產」的

第七章　聖地與朝聖：信仰空間的建構與重寫

核心象徵。西歐基督徒對聖地的渴望與武力投入，使耶路撒冷再次成為宗教政治與軍事神學交織的焦點，其神聖性被書寫、宣稱並據有於權力與敘事之中。

耶路撒冷的再神化歷程同時帶動了聖地仿製現象的出現。西歐各地興建模擬聖墓、苦路與升天教堂，使得即使無法遠赴耶路撒冷的信徒，也能在地方空間中體驗「聖地臨在」。這種象徵移植進一步穩固了耶路撒冷的宗教象徵權威，並擴大其在想像共同體中的認同力量。由此可見，耶路撒冷的聖性從未依賴其地理穩定性，而是透過一連串再詮釋、再建構與再複製的過程，得以穿越地域與時代的限制，成為整個基督教世界的聖地中樞。

總體而言，耶路撒冷的再神化歷程顯示出神聖空間並非自然生成，而是一場歷史性與神學性相互交織的文化工程。透過建築、敘事、儀式與權力的整合運作，這座城市從歷史創傷與宗教分裂中被重新塑形，成為可見的信仰中心與不可取代的神學地標。耶路撒冷因此不只是地理地點，而是整個基督教宇宙秩序的象徵軸心。

第二節　聖物的認定、交易與假造

聖物（relics）作為基督教信仰實踐中極具象徵性與宗教能量的物件，其地位在中古時期逐漸上升，成為連結人間與神聖、地方教會與普世信仰的核心媒介。從殉道者的骨骸、聖人的衣物、耶穌苦難的遺物，到觸碰過奇蹟事件現場的土壤與木片，這些物件在信徒眼中不僅承載祝福與治癒的神力，更是神聖臨在的具體化身。然而，聖物之所以具備效力，不只因其來源神聖，更在於其認定過程、流通網絡與制度化運作。隨著朝聖活動與修會擴張，聖物逐漸形成一個可被交易、競奪乃至仿造的信仰資源體系，其背後所隱藏的政治動員與經濟機制，反映出信仰實踐如何深度介入社會結構與象徵控制之中。

聖物的認定是其合法性與神效的起點。早期教會對聖物的確認多仰賴口述傳統與地方信徒的共同記憶，但隨著異端運動興起與教會權威鞏固，對聖物真實性的辨識成為必要的制度過程。主教與修會往往組成審查小組，透過見證、文獻、奇蹟驗證與異象啟示等方式，判定某物是否屬於聖人遺留。這種審定過程不僅是宗教裁決，更是象徵秩序的建構。被認定的聖物不只獲得神聖光環，更賦予擁有者修道院或教堂宗教合法性與吸引朝聖者的權力。

第七章　聖地與朝聖：信仰空間的建構與重寫

　　聖物的存在也導致教會間激烈的競逐與交換。為了提升自身修院或城市的聖性等級，許多修會與教區積極向他地索取、購買或「轉運」聖物。這類行為雖被包裹在敬虔與靈性名義下，但實質上構成一種象徵資源的累積機制。在法國、德國與義大利等地，聖人遺體的部分分靈（division of relics）制度，使得一具聖骸可被切割、分派至多處教堂，各地信徒皆可參與朝聖與祭拜，進一步擴張聖物的影響力與實用性。這種分靈制度儘管維繫信仰普及性，卻也造成真偽難辨與過度濫用的後果。

　　隨著信徒對聖物神效的高度期望，以及朝聖文化的普及，聖物交易遂形成一套龐大的宗教經濟網絡。在市集、集會甚至修道院內部，皆有專人販售與流通號稱為聖物的物件。有些物件確有來源可查，有些則完全是仿製與杜撰。羊毛纖維被宣稱為耶穌包裹嬰兒時的布片，鏽鐵片被說成為釘十字架的釘子，甚至有教堂號稱擁有施洗約翰的頭顱，而另一地亦提出同樣聲稱。這種矛盾與重複的現象，突顯出聖物制度的脆弱與操作空間，也激發了教會內外對聖物認定的質疑。

　　教會當局曾多次試圖規範與清理聖物系統。特別是在第四次拉特朗大公會議（1215）後，教宗明令禁止未經核可的聖物展出與交易，並規定需有主教書面證明方可陳列。但這樣的規範在地方仍時有挑戰，許多小型修會與邊陲教堂為了維持經濟來源與信徒忠誠，仍繼續透過模糊敘事與信仰情感經

第二節　聖物的認定、交易與假造

營其聖物資源。在這樣的結構中，聖物不僅是靈性工具，更成為地方信仰實踐的核心支柱。

對聖物神效的堅信也與治癒、奇蹟及日常苦難深度連結。信徒在疫情、饑荒、戰爭期間，往往訴諸聖物祈求庇佑與保護。修會與教會藉此進一步強化其對社會的宗教解釋權。當某地聖物展出後雨水豐盈、瘟疫止息，便被視為聖人介入的明證，其影響力遂在信仰敘事與集體記憶中被放大再製。這種「奇蹟證明」成為聖物真實性的替代論述，也鞏固了教會權威對神力運作的壟斷詮釋。

儘管如此，對聖物的諷刺與批評在中世紀文學中亦屢見不鮮。從喬叟的《坎特伯里故事集》到地方戲劇中對聖物販子的諷刺角色，反映出一般民眾對聖物制度的雙重情感——既依賴又懷疑，既信奉又調侃。這樣的文化氛圍顯示出聖物不只是神學命題，也是社會關係與經濟互動的一部分，其神聖性既可能成為信仰力量的泉源，也可能淪為宗教虛飾與權力裝置的象徵。

總體而言，聖物作為神聖的物質載體，其歷史發展與制度實踐顯示出信仰如何被具體化、經濟化與政治化。認定、交易與假造的過程，並非破壞信仰，而是在顯示宗教如何在現實世界中運作並重構其權威。聖物因此成為中古宗教社會中最具張力的象徵性載體之一，既連結神性，也映照人性的企求與操作。

■第七章　聖地與朝聖：信仰空間的建構與重寫

第三節　朝聖與旅遊：信仰經濟的形成

　　自中古早期起，朝聖逐漸從個別信仰行動發展為一種制度化且廣泛參與的社會現象，其意涵早已超越單純的宗教實踐。朝聖不只是通往聖地的身體旅程，也是一場結合信仰、經濟、地理與象徵權力的複合行動。隨著聖地文化的興盛與交通網絡的擴展，朝聖活動促成了旅遊型態的萌芽，使整個基督教世界出現一套新型態的「信仰經濟」。這套經濟系統以宗教空間為核心，整合勞務、住宿、物資交換與朝聖禮儀消費，成為中古歐洲社會資源流動與社會互動的重要場域。

　　在早期基督教時期，朝聖多為個人或小群體的自發行為，重視靈性洗滌與殉道精神的重現。信徒願意歷經艱苦旅程，只為親眼見證耶穌遺跡、殉道者墳墓或聖人遺物。這種朝聖文化的原型深具苦行色彩，被視為贖罪、悔改與靠近神聖的具體實踐。但自第四世紀以降，當耶路撒冷、羅馬、聖地牙哥、坎特伯里等地的聖地逐漸制度化後，朝聖開始與特定地點、固定儀式與教會監管結合，形成可被治理與經營的宗教旅程。

　　朝聖活動的興盛直接帶動了大量的經濟需求與產業發展。道路整修、住宿設施、飲食服務、護衛人力、導遊解說等逐漸成為朝聖相關基礎建設的一部分。許多修道院與教會設立旅館（hospitia）與庇護所，專供朝聖者歇息與獲得醫療照

第三節　朝聖與旅遊：信仰經濟的形成

護。在一些重要聖地，更出現專門為朝聖者而設的市場與臨時集會，販售紀念品、護身符與聖物複製品，形構出一種宗教消費與地方經濟融合的景觀。

教會與修道院在這套信仰經濟中扮演雙重角色。一方面它們是聖地的守護者與朝聖儀式的主持者，賦予整體行動神學合法性；另一方面，它們也成為資源管理者與經濟受益者。透過聖物展覽、朝聖證明文件（例如赦罪狀）、捐獻儀式與住宿收費，教會與修會得以擴充財源並強化地方影響力。這種經濟參與非但未減損宗教信仰，反而被包裝為支持教會使命、維護聖地與回饋信徒的靈性投資。

在這樣的情境中，朝聖者的身分也從單純的信仰旅行者轉變為宗教旅遊的主體。他們不再只是履行苦行任務，而是參與一場充滿象徵、體驗與消費的儀式性行動。這一轉變在中世紀晚期尤為顯著，許多貴族與富裕市民甚至將朝聖當作一種社會地位的象徵與文化資本的展現，透過披掛朝聖徽章、攜帶紀念物、撰寫旅行紀錄等方式彰顯其宗教行動的合法性與榮耀。

信仰經濟的形成也帶動了跨地域的經濟聯繫。來自不同國家的朝聖者在聖地交會，不僅帶來語言、物資與禮儀的交流，也刺激商品流通與貨幣兌換的發展。某些聖地如聖地牙哥或羅馬，甚至設有專門的貨幣與交易制度，服務朝聖者的日常所需。這些宗教旅行所帶動的物流與資金流，使朝聖路線成為早

第七章　聖地與朝聖：信仰空間的建構與重寫

期經濟網絡的一部分,也促成地方城市的繁榮與國際化。

然而,信仰經濟的快速擴張亦引來不少批評。部分教士擔心朝聖過度形式化與物質化,偏離原初的靈性目的;某些虔信者則痛斥聖地商業化導致聖物被當作商品販售,信仰成為市場競逐的工具。這些批評固然揭露了信仰與商業之間的矛盾,但也間接反映出朝聖與旅遊系統已深植於社會結構中,難以分離或消解。

中世紀文學與藝術亦為我們留下豐富的朝聖旅遊書寫與視覺紀錄。從喬叟的《坎特伯里故事集》到各類聖地手繪圖冊,皆呈現出信徒在朝聖途中的情緒張力、文化衝突與宗教幻想,顯示這不僅是空間的移動,更是認同、經驗與集體意義的建構歷程。朝聖者不僅追尋神蹟,也在尋找自身靈性的定位與文化歸屬。

總而言之,朝聖在中古基督教社會中逐步發展為一種兼具宗教、經濟與社會功能的多層次實踐。它促成了信仰經濟的制度化,使宗教不再是靜態的禮儀,而成為具備動態網絡、物質支持與文化資本的整合力量。透過朝聖行動,信徒得以體驗神聖空間的臨在,教會擴張其影響力,地方社會亦嵌入一場橫跨宗教與經濟領域的共生體系。

第四節　聖地圖像的空間重複與模擬

聖地在基督宗教世界中的神聖地位，並不僅仰賴其歷史上的地理實在性，更在於其圖像與空間敘事如何被不斷重複、模擬並擴散。由於遠赴耶路撒冷、羅馬或聖地牙哥的朝聖對大多數中世紀信徒而言既費時又具風險，歐洲各地遂興起模擬聖地的空間建構運動，這不僅是對真實聖地的象徵延伸，更是一種信仰實踐在地化、可及化的策略。這些空間模仿所形成的「第二聖地」或「擬聖地」網絡，成為地方教會與修會參與神聖地景敘事、擴展靈性權威的重要手段。

這種模擬最具代表性的形式即為苦路（Via Crucis）的再現。原本僅存在於耶路撒冷的耶穌受難路線，被逐漸在歐洲教堂與修道院內外重建為固定的圖像與路線裝置，讓無法親至聖地的信徒亦可藉由步行、冥想與祈禱進行精神朝聖。這種空間模仿不僅提供感官與情感的參與，更塑造一種「在地神聖性」的經驗，將遙遠的聖地神學轉化為地方性的信仰實踐。

聖墓教堂亦常被複製於歐洲各大城市，如德國的特里爾、奧地利的格拉茲、西班牙的雷昂等地皆可見模擬耶穌墓穴或升天場景的教堂與小聖堂。這些建築不僅在空間結構與圖像安排上力求對應原型，更在儀式節奏與神學詮釋上強調其與「原始聖地」的神聖連結。透過建築、祭儀與講道的多重重現，這些空間不再只是象徵，而被實際接受為具備靈效與

第七章　聖地與朝聖：信仰空間的建構與重寫

恩寵的真實臨在地。

除了建築空間外，聖地圖像在視覺文化中的擴散亦極為關鍵。從教堂壁畫、玻璃彩繪、聖像畫到手抄本插圖，聖地的圖像元素被反覆描繪與演繹，使得特定聖地不再只是歷史記憶，而是被定型為視覺經典。這些圖像不僅強化信徒對聖地的認知與想像，也成為教會講道與教化的重要輔具。圖像的再現使得聖地之「可見性」超越地理限制，轉化為可分發、可接觸、可複製的象徵資本。

這種空間與圖像的重複亦涉及教會與地方勢力之間的象徵競逐。地方教會或修會透過模擬聖地，不僅提升其在地信仰正統性，也與其他宗教機構競逐朝聖者、資源與權威。在某些情況下，地方聖地甚至刻意創造與耶路撒冷或羅馬的神學對應，宣稱其所在地為新耶路撒冷或末世救贖之門，藉此奠立其信仰中心地位。這樣的象徵模仿與重複，從來不只是靈性模擬，更是空間與權力布局的精密計算。

儘管模擬聖地的做法提供更廣泛的靈性參與途徑，但也引發了真偽之辨與神聖稀釋的爭議。部分教士與神學家質疑這些模擬行動是否過度形式化、偏離原始聖地的靈性深度，甚至質疑地方聖地是否具備真正的神聖性。然則，對大多數信徒而言，參與這些空間重現與圖像沉浸的宗教體驗，已足以構成靈性真實。於是，「模擬的聖地」在情感上逐步取得與「原型聖地」同等的信仰效力。

最終，聖地圖像與空間的重複與模仿顯示出神聖性在宗教歷史中的再生產邏輯。它並非死守一地，而是藉由圖像的傳播、空間的再現與信徒身體的參與，在不同地點持續發生、延伸與轉化。這使得神聖性得以在時間與空間中流動，成為中古基督教世界中最具彈性與延展力的象徵體系之一，也讓聖地不再是遠方的唯一，而是可被複製的普遍聖域。

第五節　異地聖地的建構策略

在中古基督宗教世界中，對聖地的渴望與無法親赴其地的現實之間，促使教會與修會發展出一套名為「異地聖地」的建構策略。這些聖地雖非耶穌或聖人實際生活的場域，卻透過象徵性的重構、禮儀上的置換與神學敘事的重疊，成功奠立為地區信仰核心與靈性參照點。異地聖地的誕生，並非單純的空間模仿，而是一場跨越地理與時間的神聖創造，將地方空間納入普世信仰的象徵地圖中，形塑出一種多中心、動態流動的神聖秩序。

這些策略首先展現在教會建築的命名與聖化儀式上。許多地方教堂或修道院刻意以「聖墓」、「加略山」、「橄欖山」等命名其空間，使信徒在地即可感受神聖地景的再臨。這些名稱不僅喚起聖經記憶，也透過命名權的象徵性，使教會得以主張其

第七章　聖地與朝聖：信仰空間的建構與重寫

與原始聖地的靈性連結。配合儀式中的空間行走、聖物展示與特定講道安排，這些異地聖地逐漸取得真實聖地的精神效力。

其次，異地聖地的建構常與地方聖人或神蹟事件結合，創造出新的神聖敘事節點。當地若曾有殉道者墓地、顯聖奇蹟或聖人出生地，往往被迅速神學化、圖像化與制度化，升格為朝聖目的地。這些地方聖地雖無耶路撒冷或羅馬之歷史性，卻透過教會的敘事策略獲得正統性支持，並進一步嵌入地方身分與宗教政治中，成為地方教會自治與神聖主張的依據。

修會亦在異地聖地建構中扮演積極角色。熙篤會、方濟會與道明會等修會，經常在傳教或擴張過程中建立新聖地，不僅輸出禮儀制度，也創造本地神蹟敘事與聖物儀典。這些修會將空間聖化作為建構屬地信仰權威的手段，進而掌握地方資源、吸納信眾並形塑宗教地理的新秩序。在某些殖民地區，異地聖地更成為文化轉譯與信仰認同的交會處，使基督教得以在原生文化空間中建立其神學地圖。

異地聖地的實踐亦結合視覺文化與聽覺經驗。透過聖像、壁畫、彩繪玻璃與聖歌詠唱，聖地的感官記憶被轉譯至在地教會，使信徒得以透過五感重新體驗福音事件。聖誕馬槽、復活節劇場與苦難週巡禮等宗教劇場形式，也進一步將神聖歷史在地方空間中重演，使空間不再只是靜態模擬，而是情感與信仰共同投入的動態行動。這樣的重演使異地聖地不僅為物理場所，更成為一種集體體驗與記憶再生產的社會實踐。

然而，異地聖地的建構並非毫無爭議。部分神學家擔憂此舉導致信仰地域化與聖性泛化，使神聖無所不在的信仰邏輯遭到稀釋。特別是在不同地方出現重複聖地名稱與敘事競合時，教會需面對真實性、正統性與象徵權的分配問題。因此，自十三世紀起，教會加強對異地聖地之合法性認證與朝聖實踐的監管，強調其須由主教核准或經由正統敘事授權。

但即使如此，異地聖地的策略仍展現出中古宗教社會在地化靈性的能動性。這些空間的建構不僅是對聖地文化的模仿，更是信仰在多元社會脈絡中尋求根植與延展的表現。它們使神聖不再專屬一地，而成為可以「被創造」與「被分享」的象徵資源，賦予地方宗教實踐以正當性與想像力。

因此，異地聖地的建構並非對正統聖地的挑戰，而是其延伸與多樣化表現。透過這種空間與象徵策略的運作，基督教世界得以在不同地理、文化與社會條件下延續

第六節　主教與地方勢力的聖地爭奪戰

聖地不僅是信仰實踐的空間中心，更是象徵權力與資源競逐的戰場。隨著聖地在中古社會中獲得日益崇高的宗教地位，其所帶來的朝聖流量、財政捐獻與神聖資本也引來眾多宗教與世俗勢力的高度關注。尤以主教與地方貴族、修會乃

第七章　聖地與朝聖：信仰空間的建構與重寫

至市政機構之間，圍繞聖地管理權、神職任命權與經濟收益的爭奪，構成一場持久而複雜的權力角力。聖地遂不再是單純的信仰場域，而是政治與靈性雙重交織的象徵性戰略資產。

在許多地區，主教作為地區教會的正式領袖，理論上應擁有對聖地的治理權。然而，實際情況中，許多聖地往往因歷史發展、修會介入或朝聖傳統的演變，掌握於特定修道團體或地方權貴手中。這些勢力以其對聖人遺體、顯靈故事或原始建築的所有權為基礎，主張對聖地的合法管理權，並藉此收取朝聖費用、控制禮儀次序與分配聖物利益。主教與這些勢力的對峙常表現為對神職人員的任命糾紛、對朝聖儀式主持權的爭奪，乃至對聖地空間主控權的明爭暗鬥。

典型的例子可見於法國韋茲萊（Vézelay）修道院與歐坦主教之間的衝突，該修道院擁有抹大拉的馬利亞的遺骸，自十一世紀以來吸引大量朝聖者。主教試圖干預其管理並收取稅賦，卻遭修士反對，雙方上訴至羅馬教廷。類似事件在英格蘭坎特伯里、德國科隆、西班牙聖地牙哥皆屢見不鮮。教宗在這些糾紛中常扮演裁判者角色，藉由仲裁鞏固其作為普世教會仲裁權威的地位。

除了主教與修會的競爭，地方貴族與市政組織亦積極介入聖地資源的掌控。貴族家族往往透過捐贈土地或設立私人小教堂的方式，取得聖地的部分干預權。他們有時藉此安排自家成員為神職人員，或者參與朝聖路線的安全維護與收費

第六節　主教與地方勢力的聖地爭奪戰

機制,將宗教資源納入其家族網絡。而自治城市則更以聖地為提升城市聲望、吸引外來人口與穩定經濟的核心手段,對教會的空間使用與財務分配常施加壓力,甚至要求民選代表參與聖地管理會議。

這場多方角力並不總以對抗形式呈現,更多時候展現為制度性的妥協與象徵性權力再分配。例如:部分地區將主教權限限制於聖地外圍,而將內部禮儀與管理交由修會負責;又或透過聯合管理委員會的形式,由地方教會、貴族代表與市政代表共同決策朝聖活動安排與資源分配。這類安排既保障信仰秩序,又兼顧地方勢力利益,構成中古宗教社會中一種特殊的權力共享機制。

但這種脆弱的平衡經常因突發事件或權力更替而破裂。特別是在神蹟顯現、新聖人封立或聖物發現等象徵資源更新時,各方常再度競逐對其詮釋權與操控權。這不僅關係到信仰詮釋與靈性實踐,也牽涉實際財源與政治地位。因此,聖地的爭奪不只是神學或宗教內部問題,更是中古社會權力生產與分配邏輯的重要展演場。

總結而言,主教與地方勢力圍繞聖地的爭奪戰,顯示出聖地作為信仰中心亦為象徵與物質資源雙重載體。其管理權的歸屬,不僅反映宗教結構的內部秩序,更形塑地方政治與社會協商的實際樣貌。聖地由此成為中古宗教秩序中最具競爭性、也最具制度創新潛能的場域。

第七章　聖地與朝聖：信仰空間的建構與重寫

第七節　奇蹟、治癒與空間的關聯性

中古基督宗教社會對奇蹟與治癒的理解，深刻地根植於空間感與神聖地景的建構之中。在當時的信仰世界觀裡，神聖力量的顯現往往並非隨機發生，而是與特定空間密切連結。某些地點被認為具備特殊靈性效力，不僅是因為其歷史記憶或聖人足跡，更因為當地經常發生超自然治癒或神蹟事件。這種空間與神力的聯繫，形塑出中古時期對聖地的獨特感知，也使得朝聖、儀式與宗教建築的安排均圍繞著「神蹟可發生之地」而組織。

治癒奇蹟是其中最具普遍性的空間奇蹟類型。無論是失明者復明、癱瘓者行走、瘟疫得解，或女性不孕轉育，皆在特定教堂、聖人墳墓或神聖泉水附近重複出現。這些空間因此被視為神聖力量「滲透」或「居住」的地點，信徒在此不僅期望靈性得救，更懷抱實際的身體療癒與命運轉變。對許多信徒而言，朝聖之旅並非象徵性參與，而是切身疾病求解的靈性與生理雙重行動。

這種奇蹟空間的觀念也推動了聖地的制度化管理與敘事建構。教會與修會往往記錄、整理並宣傳特定聖地所發生的奇蹟事蹟，出版《奇蹟集》(*Libri Miraculorum*)，以作為聖地靈效的證明與吸引信徒的宣傳工具。這些文獻常以見證者證詞、醫師觀察與神職審核三重認證為依據，使奇蹟事件具有

第七節　奇蹟、治癒與空間的關聯性

某種制度可信度。在某些場合,甚至會將痊癒者留下的拐杖、束帶或血衣懸掛於聖地,作為神力臨在的物證,形成物質性極高的宗教記憶空間。

空間的神聖性也經常透過建築設計與儀式動線加以強化。治癒泉水所在之地多半被建為小聖堂或洗禮池,鼓勵信徒接觸、飲用或沐浴;聖人遺骨所藏的墓穴設有步道與朝拜廊道,使信徒可在身體移動過程中逐步靠近神聖核心。這類建築策略實質上製造出一套「神聖接近」的身體經驗,讓神蹟的可能性內嵌於空間感知之中,也將治癒從純粹靈性回應轉化為可被期待與重複的神聖機制。

空間與奇蹟之間的關聯,也經常成為不同宗教勢力競奪的依據。某些地區出現聖人顯靈或聖母顯現之後,地方教會或修會往往迅速介入,設立教堂或小堂以固定神聖地景,並藉此擴張其象徵與實質資源掌控力。這樣的地點常成為新聖地的起點,也引發與既有聖地的神聖資本競爭。此時,神蹟不僅是靈性事件,更成為空間秩序與象徵地圖中極具政治性的節點。

但值得注意的是,奇蹟與治癒的空間敘事,並非總為中心化力量所控制。民間信仰與地方傳說常保留對特定空間神效的獨立詮釋權。某些泉水、樹木或洞窟雖未獲官方承認,卻因地方傳統與口述記憶而擁有持續朝聖者與獻祭活動。在這些非制度化聖地中,空間的神聖性由信徒實踐與社群記憶維繫,顯示神蹟空間亦存在於正統與民間、中心與邊陲之間

■第七章　聖地與朝聖：信仰空間的建構與重寫

的多重張力中。

總結而言，中古基督教對奇蹟與治癒的信仰，深刻依賴空間的配置與感知。聖地作為神蹟可能發生之所，並非靜態場域，而是透過敘事、建築、儀式與信徒實踐共同構築而成的靈性現場。空間因此不僅承載記憶與歷史，更成為神力、身體與社群互動的核心平臺，顯示宗教信仰如何透過具體空間形式化其信念、管理其神蹟並延續其文化生命。

第八節　教會對聖地秩序的制度化治理

在中古基督宗教社會中，隨著聖地朝聖活動的擴張與聖地象徵資本的重要性日益上升，教會逐漸發展出一整套針對聖地的制度化治理機制。這套治理不僅旨在確保聖地神聖性與儀式秩序的維繫，更企圖藉由對空間、人員與行為的規範，建立起教會在信仰空間管理上的主導地位。教會將聖地治理納入正統信仰體系的一環，使其成為教義詮釋、象徵資源控制與教會政治策略交會的核心舞臺。

首先，教會透過法令與教規界定聖地的範圍與使用方式。自第九世紀起，多項地方主教會議與教宗詔書皆針對聖地禮儀、朝聖者行為與神職人員職責提出明確規定。例如：禁止在聖地進行商業買賣、鬥毆或非宗教集會，明定朝聖者

第八節　教會對聖地秩序的制度化治理

須遵守特定服儀與禮節，並由指定人員引導參觀順序。這些規範目的在於鞏固聖地的聖潔氛圍，使其脫離俗世喧囂，成為信徒面對神聖的秩序空間。

其次，教會在聖地設置管理機構與祭儀監督體系。主教團、修會或教宗特使常成立專責委員會，負責維護聖地設施、管理朝聖者流量、核發赦罪文件與處理爭端。在重大朝聖節期，這些管理單位更需與地方政權協調交通、安全與衛生措施，確保大量人流不致引發混亂或傳染病擴散。透過制度性介入，教會不僅將聖地納入其行政架構，更使其成為教會治理能力的具體展現場域。

聖地的治理亦包含對神職人員的職能監督。朝聖活動涉及大量禮儀主持、懺悔聆聽與聖物展示等神職工作，教會規定僅有特定資格的教士可於聖地執行此類職責，並須經過主教審核與教義訓練。這項規範目的在於防止未經授權的靈性操作，確保信仰詮釋與神蹟敘事由正統神學所掌握。此外，為防貪汙與濫用權力，部分教會亦設立收支公開制度與定期查核機制，使聖地不淪為私人勢力的象徵資源基地。

在空間治理方面，教會重視聖地建築與動線設計的神學意涵。從入口、廊道到祭壇位置，均依循象徵性布局強化靈性旅程的漸進性與神聖感。例如：苦路站的設置與朝聖路線引導，旨在讓信徒依循耶穌受難的步驟感受共苦；聖物展示區則安排於建築中樞，象徵神力核心的臨在。這種透過空間

第七章　聖地與朝聖：信仰空間的建構與重寫

形式進行信仰教育的策略，使教會得以有效管理信徒的宗教體驗與心理感知，進一步穩固其神學主導權。

此外，教會亦將聖地治理與記錄文化結合。朝聖者名冊、赦罪狀發放紀錄、奇蹟報告與修建帳冊等文書，不僅用以管理日常運作，也成為信仰秩序合法化的文獻基礎。透過書寫行為，教會將聖地從感性體驗轉化為可記載、可檢驗、可傳承的制度性知識。這些紀錄亦為未來封聖、教會分封與信仰審判等行動提供權威依據，構成教會統治聖地與其敘事的象徵工具。

然而，聖地的制度治理並非總能避免信仰張力。在部分地區，信徒對官方規範存有疑慮，視其為對靈性自由與朝聖真誠的過度管控。特別是在奇蹟真偽、聖物展示與赦罪機制等議題上，地方信仰實踐與教會條文常出現落差，造成朝聖群體對教會管理的抗拒與不滿。教會在治理中遂必須兼顧靈性自發性與教義正統性的平衡，使制度不致成為信仰熱情的桎梏。

總體而言，教會對聖地秩序的制度化治理，反映出信仰空間並非自然生成，而是經由治理實踐與象徵掌控建構而成的宗教場域。聖地因此不僅是神聖的臨在地，也是教會權力與靈性管理的核心據點。透過法規、組織、建築與文書等多重機制，教會將聖地整合為一套可被控制、維護與再生產的信仰機構，使宗教體驗得以制度化延續，並在不斷變動的社會脈絡中持續鞏固其象徵權威。

第九節　聖人遺骸的遷徙與流通管控

　　聖人遺骸在中古基督宗教社會中被視為神聖力量最直接的物質見證，其作為聖物的價值不僅具有靈性意義，更承載著教會權威、地方認同與宗教經濟的多重功能。聖人的遺體或其部分遺物，如骨骼、血液、頭蓋骨、衣物等，被信徒認為具有保佑、治癒、驅魔與中保功能，並常被存放於特定教堂、修道院或聖壇之中。然而，正因其被賦予極高的象徵與實用價值，聖人遺骸的遷徙與流通從未僅是靈性需求的展現，而是一場涵蓋信仰、政治與資源爭奪的治理工程。

　　聖人遺骸的遷徙在歷史上通常伴隨特定神蹟的出現或宗教政治變遷而發生。某些遺骸被聲稱因顯靈而主動移動或指示新葬地，而教會則以此神蹟為由，重新安置其遺體於更具象徵意義的空間中。這類神學敘事不僅賦予遷徙正當性，也藉由空間轉移重新分配神聖資源與信仰焦點。例如：聖馬爾定、聖本篤與聖尼各老等聖人之遺骸皆曾在不同時期經歷數次遷移，並引發地方之間的認同競逐與政治調解。

　　教會對聖人遺骸流通的管理亦逐漸制度化。特別是在聖人封立與朝聖制度完善後，教宗制度設置嚴格程序，規範遺骸遷徙需經正統認證，並由主教或教宗核可。任何未經批准的遷移行為皆視為對教會紀律的挑戰，甚至可導致聖地剝奪合法性。這種制度化操作，一方面鞏固教宗對聖性詮釋的壟斷權，另一

第七章　聖地與朝聖：信仰空間的建構與重寫

方面亦成為遏止地方教會自我宣稱聖性、濫用遺骸的手段。

聖人遺骸的分靈（partition）則是流通制度中的另一核心機制。出於朝聖需求與象徵資源分配考量，教會允許將聖人遺體切割為數部分，分送至不同教堂或修道院。這種行為雖常伴隨高度虔敬儀式與神學解釋，實則是信仰網絡擴張與靈性資本外溢的具體策略。分靈可提升多地的宗教地位，吸引朝聖者與捐獻，同時也對中央教會造成治理與認定壓力，須維持正統性與稀有性的象徵平衡。

不過，聖人遺骸的流通也帶來真偽辨識與濫用問題。中古時期充斥著來源不明的「聖骨」、「聖指」、「聖袍」等物品，有些甚至彼此矛盾──同一聖人之頭顱據稱同時存於多地。此現象不僅削弱信仰公信力，也使教會面臨聖物稀釋與靈性通貨膨脹的危機。為此，教宗與主教會議加強對聖物真偽的檢驗機制，包括要求見證、醫學審查、神學鑑定與歷史文件比對，建立一套準司法化的認證體系。

此外，聖人遺骸的移動亦牽涉地方政治與社會力量的動員。某些貴族家族或城市政權為鞏固自身神聖象徵與地方認同，曾不惜以武力掠奪或祕密轉運聖人遺骨。這類事件雖被教會定性為「聖盜」（furta sacra），但往往也因其背後的神蹟敘述與地方虔信而被默認，甚至逐步正當化。這顯示聖人遺骸作為信仰資源，其流動始終處於教會控制與地方自主、靈性需求與政治利益之間的灰色地帶。

在宗教藝術與建築中，聖人遺骸亦被物質化地嵌入空間秩序之中。豪華聖骨匣、嵌寶聖骨盒與具象化石棺，皆作為宗教美學與象徵治理的交叉點，既使神聖可見，也使教會權威在空間中被感知與體驗。遺骸所在之地往往成為教堂的中心焦點，不僅是禮儀空間的核心，也成為城鎮結構與地方身分的核心象徵。

　　總而言之，聖人遺骸的遷徙與流通並非單純的宗教行為，而是信仰體系中極為複雜的政治、經濟與象徵治理過程。透過制度化管理與神學敘事，教會試圖維持對聖性資源的正統詮釋；而透過地方實踐與信徒參與，遺骸又被不斷地賦予新意義與空間。此過程深刻揭示出聖性如何透過物質流動得以延續，並在教會與社會的共同運作下，成為中古宗教文化中最具張力與生命力的象徵資本。

第十節　聖地在跨地域信仰網絡中的位置

　　中古基督宗教社會中的聖地，從不僅僅是孤立於特定地理位置的信仰空間，而是被深度嵌入於橫跨歐亞各地的宗教網絡之中。這些聖地不論是位於耶路撒冷、羅馬、聖地牙哥或坎特伯里，都透過制度化朝聖路線、聖人遺骸的流通、禮儀交流與神學詮釋，被串連成一個跨地域的神聖結構，形塑

第七章　聖地與朝聖：信仰空間的建構與重寫

中古基督教世界的精神地圖。這種網絡不僅強化了教會的普世性訴求，也賦予各地教會與地方社群以共同信仰語言，構築起一種橫向連結的宗教認同體。

聖地之所以能成為信仰網絡的節點，首要在於其朝聖功能。自九世紀以降，歐洲各地便逐漸形成固定的朝聖路線，例如通往聖地牙哥的卡米諾、連結坎特伯里與倫敦的「朝聖之路」，或自各地通往羅馬的「阿皮亞古道」。這些路線不僅促進信仰的流動，也實質構築了一套資訊、交通與經濟的網絡，使聖地成為地域間交流的核心平臺。途中設置的旅館、醫院與修道院，亦進一步成為信仰經濟與宗教資源轉運的節點，使聖地不只是終點，更是沿途網絡的重組引擎。

聖地亦透過聖人遺物與神蹟敘事的流通，建立跨地域的神聖連結。某地聖人若於異地顯靈，其聲望與信仰實踐即跨出地域限制，並透過講道、手抄本、聖物分靈與圖像傳播，使該聖地在更廣泛的信仰地圖中占據一席之地。這樣的跨地域聲望也會引發其他教會的模仿與競爭，試圖透過引入類似聖人敘事或仿建相似空間來嵌入這個神聖網絡。於是，聖地的象徵性與權力便不再屬於單一地點，而是在流動與模仿中得以不斷擴散與強化。

教會也有意識地操作聖地在信仰網絡中的地位，以鞏固其普世權威。羅馬教廷尤其強調「七大朝聖教堂」的制度安

排，使各地信徒透過赴羅馬朝聖完成宗教義務，並與教宗制度建立直接連結。這種朝聖結構不僅使教廷成為宗教交通的樞紐，也讓其在神學詮釋、教規推行與教士調派上具有跨地域的實質影響力。羅馬與耶路撒冷的聖地更被賦予雙重聖性，一為歷史神蹟之地，一為教會行政中心，在信仰與治理層面皆占據核心地位。

然而，這種網絡化也不是單向控制的工具，它同時開啟了多向交流與地方創造的空間。沿著朝聖路線與聖地網絡，信徒彼此交換故事、敘事與實踐經驗，使地方宗教文化得以跨地域傳播與互動。例如：來自德國的聖人傳記在法國流行，或西班牙的奇蹟故事被義大利教堂採用，都反映出這張信仰網絡具備靈活的文化調適能力。地方教會雖受教廷治理，卻也可藉由融入此網絡強化其在地正統性與靈性資本。

此外，聖地網絡亦為教會對異端與邊境地區的治理提供有利架構。透過在邊境地區建立新聖地、輸出主流神學與朝聖實踐，教會可逐步滲透原本信仰模糊或多元的地區，使其納入普世秩序之中。這種空間性的信仰編碼，不僅以神聖之名鞏固疆域，更透過象徵性網絡重構文化版圖，使教會治理具備長距離延伸能力。

總而言之，聖地在中古基督宗教世界中不僅是宗教空間，更是信仰網絡的節點與象徵秩序的骨架。透過朝聖活

■第七章　聖地與朝聖：信仰空間的建構與重寫

動、聖物流通、神學模仿與制度治理，聖地得以超越其地理位置，嵌入整個歐洲宗教生活的節奏與結構中。這種跨地域網絡使信仰得以移動、擴張並重組，也讓教會在文化、社會與空間三個維度上同時運作其統合與治理邏輯。

第八章
信仰與律法：
從查士丁尼到方主教的法理攻防

第八章　信仰與律法：從查士丁尼到方主教的法理攻防

第一節
《查士丁尼法典》中的宗教條款分析

　　查士丁尼一世統治期間（西元 527～565 年），東羅馬帝國的法律體系經歷一場深刻的重整與神學化工程，其中以《查士丁尼法典》(*Corpus Juris Civilis*) 為代表的法理編纂，不僅確立了拜占庭帝國的法律制度根基，更深刻映照出信仰與國法交織運作的歷史格局。該法典內含大量宗教條款，其內容涵蓋異端定義、神職任命、聖禮效力、教會財產保護乃至宗教行為規範等面向。透過對這些條款的編纂與施行，查士丁尼不僅在法理上塑造出一套「正信國體」的理想形象，也試圖將東正教教義內嵌於帝國統治的法律語言中，形成一種高度整合的神權與皇權共構體制。

　　法典中針對異端的條文最具代表性，特別是在《法典》(*Codex*) 與《新律》(*Novellae Constitutiones*) 中多次出現對亞流教派、聶斯托留派、摩尼教與其他非主流教派的嚴厲規定。這些法令不僅禁止異端者公開集會、設立禮拜場所，甚至可追溯其財產並將其子孫排除於公職之外。透過立法手段的排除與壓制，查士丁尼企圖在法律上建構正統與異端的二元結構，使宗教信仰成為國法認可的忠誠測試。這不僅是對神學論爭的法律化處理，也是國家透過法律進行信仰統整與社會秩序維護的工具展現。

第一節　《查士丁尼法典》中的宗教條款分析

除了異端管理，法典亦對教會內部制度給予高度重視，尤其在主教任命、教會財產管理與聖職資格認定等方面設有明確條文。例如：主教任命須經地方教士推舉與皇帝批准雙重程序，顯示皇權對教權的制度牽制；教會財產則受特別條款保護，禁止私自變賣與挪用，違者視同侵害神聖權威，須接受法律懲罰。此種設計固然有利於教會組織的穩定發展，但同時亦反映出皇權藉由法律語言介入教會自治的深層企圖。

值得注意的是，查士丁尼在法律語彙中引入大量神學術語，使法律文本不再只是冷靜的理性語法，而帶有明確的宗教詮釋框架。例如對「正信」(orthodoxia)、「異端」(haeresis)、「神聖恩寵」(gratia divina) 等詞彙的界定，往往參照教會公會議的結論與教父的神學詮釋。這種法理語言的神學化，不僅提升了法律文本的道德正當性，也進一步形塑出法律成為信仰實踐延伸的治理話語。透過此種語言策略，《查士丁尼法典》實際上構成一種神學－法律混合體，使皇帝同時扮演立法者與信仰守護者的雙重角色。

此外，《查士丁尼法典》亦特別規範了宗教節慶與禮儀秩序，明定主日與聖誕節等日不得審理訴訟、執行公職與進行強制動產轉移，將宗教時間正式納入國家治理的時間表之中。此種時間治理的法制化，不僅有助於普及宗教儀式，也進一步強化了神聖節奏對日常生活的規訓作用。透過節慶制

第八章　信仰與律法：從查士丁尼到方主教的法理攻防

度的法定化，信仰生活與公共秩序得以同步展演，展現出查士丁尼試圖將整個社會節律嵌入神學秩序的宏大企圖。

在女性與家庭法領域，查士丁尼亦以宗教觀念為依據進行法條改革。例如：在婚姻條款中強調基督教婚姻的神聖不可解除性，限制離婚權並明定婚姻須由教士證婚始得生效。在處理通姦與亂倫案件時，更強調罪行同時違犯神法與人法，需受雙重懲處。這些條文顯示出宗教倫理對私人領域法律化的深度滲透，使家庭制度成為信仰規訓的前沿地帶，也讓法律成為宗教教化的世俗手段。

然而，《查士丁尼法典》對宗教條款的強化亦引發若干緊張與爭議。特別是在多元信仰並存與地方信仰實踐仍具活力的背景下，帝國法律的單一化與壓制性，使部分群體轉入地下信仰或激發反抗情緒。更重要的是，法典雖試圖以正統神學統合國家法制，但由於神學爭論本身的變動性，反而導致法律的詮釋與實施受到教會內部意見變化的牽動。法典作為治理工具的穩定性，遂在神學多元性面前顯現其內在張力。

總體而言，《查士丁尼法典》中的宗教條款構成一種深度信仰政治化的法制實驗，其企圖將神學原則轉譯為世俗治理規則，使法理制度不僅維護社會秩序，也彰顯帝國對正信的壟斷與管理。透過這些條款，我們得以一窺拜占庭政教關係的深層結構：皇帝不僅是法律的制定者，更是教義的守護人；教會不僅是靈性機構，更是國家法治體系的積極參與者。《查

士丁尼法典》中的宗教條款不僅是法律文本，更是整個拜占庭帝國世界觀的法理展現，深刻揭示出法律、信仰與統治三者在中古世界中如何密不可分。

第二節　法典與教會權威的相互強化

在查士丁尼時代，《查士丁尼法典》並非僅止於一套行政治理工具，它更成為皇帝與教會攜手構築正統信仰共同體的核心機制。這一法理與信仰的深度結盟，使法典本身具備一種雙重效能：既是法律條文的彙編，又是神學正統的世俗表述。皇帝透過法典強化教會組織的統一性與教義的一致性，而教會則以法典為其制度化合法性提供支持，使兩者形成一種互為資源、彼此授權的權威連結。

查士丁尼對教會組織的支持首見於他針對教階制度的法律強化。在法典中，對主教、祭司、執事等職位的職責、遴選方式、任命程序皆有詳盡規定，且明訂這些教職人員的行為若違背信仰教義，將面臨法律制裁。透過法條的介入，教會的階層制度獲得帝國法律的認證，其內部秩序也納入國家治理系統，得以在帝國廣大疆域內保持一致性。這種以法律維持宗教組織一致性的策略，不僅鞏固了教會的行政效率，也讓皇權能有效監控教會內部的忠誠與教義執行。

第八章　信仰與律法：從查士丁尼到方主教的法理攻防

　　與此同時，教會也獲得來自法典的明確特權，特別是在司法與財產層面。根據法典規定，教會可擁有不動產，並享有稅賦豁免、財產保護及繼承權益。此等條款不但使教會得以累積龐大物質資源，更使其成為地方經濟秩序的重要一環。這些資源進一步回饋於教會的社會功能，如施行慈善、興建醫院與收容院，使教會於帝國社會中扮演不可或缺的福利載體角色。法典透過法律保障教會資產與行動自由，實質上提升了教會作為地方行政主體的自主權，也反映出皇帝對教會制度穩定性之高度倚賴。

　　查士丁尼亦以法典作為對異端進行制度性剷除的工具，這對於鞏固正統教會權威極為關鍵。異端不僅被定義為信仰錯謬的群體，更在法典中被視為威脅國體與社會秩序的潛在叛逆者。對異端者的法律懲處——包括流放、財產充公、剝奪公權等——直接強化了正統教會的獨占地位，使其在神學與制度層面同時成為唯一合法宗教權威。這樣的設計有效將正統教義納入國家意志的表述形式，並賦予教會以法律背書的「教義制裁力」，使信仰管轄具備準國法效力。

　　另一方面，教會亦積極運用法典作為宣教與講道的權威資源。在主教講壇與神學教育中，法典條文時常被援引為「法律即神意」的有力證據，使法治與信仰相互支撐，讓信徒理解法律順從即為信仰忠誠的延伸。許多教父與神學家甚至將法典內容納入其論述，使信仰倫理轉化為法理命令，進一

第二節　法典與教會權威的相互強化

步強化教會教導的約束力。這樣的教會策略，既是對法律語言的神學解釋，也反向塑造了信仰語言的法理化走向，成為中古政教互構的重要篇章。

然而，這種法典與教會權威的相互強化並非毫無矛盾。部分主教對皇權干預教會任命與教義詮釋表達不滿，特別是當皇帝自行召集或操控大公會議時，教會內部亦出現反彈聲浪。此外，地方教會若試圖脫離皇帝法令而強調靈性自主，亦可能被視為對法治與信仰統一的挑戰，從而引發政教衝突。這顯示出政教結盟雖為整合帝國信仰空間的重要手段，卻也內藏權力邊界的曖昧地帶，形成持續博弈與調適的現實基礎。

總結來看，《查士丁尼法典》不僅鞏固了皇帝對帝國治理的法律基礎，也成為正統教會權威體系的一項制度性支柱。兩者透過相互授權與資源共享，建構出一套具有高度整合性的「法理教會國體」。在這樣的政治宗教結構中，法律成為信仰的外在形式，信仰則是法律的道德底蘊。《查士丁尼法典》所展現的，正是一個帝國試圖以法律編碼正信、以教會維繫法律正當的統治典範，其遺緒深深烙印於拜占庭文明，並對後世歐洲政教體制產生持久影響。

■第八章　信仰與律法：從查士丁尼到方主教的法理攻防

第三節　信仰審判制度的形成

　　在查士丁尼統治期間乃至更廣泛的中古基督宗教體制中，信仰審判制度的建立成為政教合作下治理信仰正統性的重要機制。這一制度並非出自單一法律命令，而是教會規範、皇帝法令與地方行政操作共同演化的產物。它的核心在於將神學爭議與信仰偏離視為可被訴諸審判程序處理的事務，從而使「信仰正確性」成為法律與倫理雙重規範下的實體案件。這種審判體系的出現，使信仰不再只是私人靈性選擇，更被納入國家治理的道德防線與公共秩序框架中。

　　初期的信仰審判多以地方主教主持的教會法庭為主，其職能結合靈性指導與道德矯正，主要處理異端指控、教義偏離、叛教重返與神職人員失德等事宜。這些法庭依據教會會議的信條決議與教父文本進行審理，並採用口供、自白與見證為判決依據。主教身兼審判者與牧者，其權威不僅來自法律任命，更取決於其神學聲望與地方社群的信賴程度。在這一階段，信仰審判尚未完全制度化，其操作常受地方文化與社會壓力影響，具有高度彈性與人情斡旋空間。

　　隨著《查士丁尼法典》的實施與帝國對正統信仰的法理建構，信仰審判制度進入制度化與專業化的新階段。帝國法律明定對異端、冒瀆神靈與叛教者可施以公法懲處，並賦予地方主教與皇帝派遣之教會視察官（visitatores ecclesiae）具備調

第三節　信仰審判制度的形成

查與裁決信仰爭端的正式權限。此舉不僅提升審判的法律效力，也將教會審判結果納入帝國司法系統中，使信仰偏差的處罰得以與世俗法律執行連動，進一步強化政教共治格局。

在具體程序上，信仰審判逐步發展出一套較為穩定的步驟，包括提控（accusatio）、調查（inquisitio）、審訊（disputatio）、判決（sententia）與赦罪（absolutio）等階段。被控者可自辯或由他人代言，但異端指控一經成立，常伴隨嚴厲懲罰，包括逐出教會、禁閉、財產沒收甚至流放。這些懲罰不僅具有懲戒性，也兼具示範與教育意義，成為信仰邊界與社會秩序的視覺化表述。

值得注意的是，信仰審判制度亦逐漸形成對教士內部自律的機制。神職人員若涉教義錯謬、道德敗壞或違背會規，亦須接受主教或教會議會的審判，其懲處可能包括降階、禁職或永久革除聖秩。這種教內監督制度使教會不僅有能力處理外部異端，亦得以維護自身純潔與威信，防止信仰腐化蔓延至教階高層。查士丁尼亦在法典中明定此類教士審判須由主教團合議，顯示教會法庭在制度上具備司法合議性，具有類似於世俗法庭的正當程序架構。

然而，信仰審判也帶來不少爭議與濫權風險。由於異端定義常受當代神學趨勢與政教情勢影響，某些宗教思想家或改革倡議者易遭誣指為異端，導致思想壓抑與信仰自由受限。在一些地區，信仰審判甚至被用作政治清算與教會派系

■第八章　信仰與律法：從查士丁尼到方主教的法理攻防

鬥爭的工具，使制度正當性蒙受質疑。此外，信徒社群對審判過程與結果的接受度，亦取決於其對主教與教會機構的信任，若程序不公或處罰過重，反而可能削弱教會的牧靈效力與宗教權威。

　　總結而言，信仰審判制度的建立，是中古政教共構體制中對信仰邊界管理的具體展現。它將教義正統性與法律正當性結合，並透過制度程序轉化為社會治理的具體操作。雖然其制度化歷程伴隨諸多權力博弈與實踐爭議，但無可否認的是，信仰審判制度在長時段中提供了一套宗教世界觀下的法律回應機制，使中古基督教世界得以在多元思想與社會張力中，維持一種相對穩定的信仰秩序與倫理規範。

第四節　地方法庭中主教的介入實例

　　在中古基督宗教世界，尤其是在查士丁尼以降的拜占庭法治體制下，主教不僅是宗教領袖、教義詮釋者與牧靈導師，更是實質參與地方法庭運作的重要法律角色。他們在許多法律案件中被授予仲裁、監督乃至裁決權限，顯示出教會權威已經滲透至帝國法律運作的各個層面。這種介入形式既反映出政教共治的制度實態，也呈現出主教作為帝國統治節點的法律能動性。

第四節　地方法庭中主教的介入實例

　　主教參與地方法庭的情形多見於民事與道德案件領域，尤其涉及婚姻、遺產、教會財產、誓言履行與人身保護等事宜。在《查士丁尼法典》中，即有條文授權主教可於特定條件下主持調解程序，對雙方陳詞進行審核，甚至裁定案件結果。例如在婚姻紛爭中，主教被認為最適合評估夫妻間是否存在宗教意義上的解消理由；在奴僕請求釋放案件中，主教亦有權判斷主從關係是否違背基督信仰中所主張的人性尊嚴。

　　這些實例並非僅止於條文規定，實際操作中更顯靈活。史料顯示，在君士坦丁堡與安條克等城市，地方主教經常主持或參與市政司法審理，並獲得信徒與官府雙方的信任。例如君士坦丁堡主教若望二世在處理市民間債務糾紛時，曾成功調停雙方並提出修會介入的慈善賠償方案；安條克主教馬克西姆亦曾主持涉及修女誓願違反的調查案，並將結果回報帝國法庭，由皇帝頒布敕令確認其決議。

　　主教參與司法的正當性與效力亦常依附於其個人德行與神學權威。中世紀的法律與倫理並未嚴格區分世俗司法與宗教審判，而是以信仰倫理作為法治正當的基礎。故主教若能展現卓越的德性、寬容與信仰理解力，往往比技術性的法律專家更具調解力與說服力。這使得某些主教即使不具正式司法身分，仍被廣泛邀請參與民間或貴族之間的糾紛處理。

　　然而，主教對地方法庭的介入也引發不少質疑與爭議。一方面，過度擴張的教權可能導致法律操作的神學化與不透

第八章　信仰與律法：從查士丁尼到方主教的法理攻防

明化，尤其當主教以教義為依據拒絕某些法律程序時，便可能導致公民權益受損。例如：有主教拒絕主持異教徒之間的訴訟，或以信仰不純為由否定某些證人資格，引發世俗官府的不滿。另一方面，部分主教濫用司法權限，將教會資源轉為個人權力工具，亦在史料中屢見不鮮。

因此，自第七世紀起，東羅馬帝國開始對主教司法權設限，例如規定其不得單獨審判涉及重罪案件，或要求其司法行為須報備地方法官或帝國代表。這些制度改革既非完全剝奪主教司法能動性，也顯示政教體制在長期互動中的調整與權限分化。教會仍保留對教內道德與禮儀違規行為的處理權，而其對民事與刑事案件的介入則需依循國家法律架構運行。

總體而言，主教介入地方法庭的實例，展現出中古社會中法律與信仰交織的治理邏輯。主教既是靈性導師，也是社會仲裁者，其角色跨越宗教與世俗、教堂與法庭的分界。透過法律制度對主教司法能動性的部分肯認與限制，我們得以理解拜占庭社會中法律運作的複合性，以及政教合作在具體社會場域中的動態協商與治理實踐。

第五節　教會法與市民法的交錯地帶

在中古世界的法治結構中，教會法與市民法並非截然分立的平行系統，而是彼此滲透、互為影響的一體兩面。這種交錯地帶既展現在法律條文的疊合與衝突，也展現在具體案件的審理、權力邊界的爭奪與制度設計的彈性調整中。從《查士丁尼法典》到中世紀晚期的教會議會法規，無不顯示政教兩方在信仰與治理雙重脈絡下所展開的制度協商與權力分配。

首先，教會法與市民法在概念上分別源於不同的權威基礎：教會法以聖經、教父著述與大公會議的決議為依據，強調神授秩序與倫理正當性；市民法則建構於羅馬法律傳統與帝國法令體系之上，著重社會契約與行政效率。然而，兩者於日常施行中卻難以分離，特別是在涉及婚姻、遺產、誓言、信託與契約等案件上，常見雙法重疊或規範競合的現象。

在婚姻與家庭法領域，這種交錯尤為明顯。教會法認定婚姻為神聖不可分的聖事，強調雙方誓言與教會祝福之必要性；市民法則更關注婚姻財產關係、子女合法性與繼承安排。於是，在離婚、再婚或婚姻無效訴訟中，當事人須同時應對教會法庭與市政法院的審理，導致判決標準與執行結果可能產生落差。例如：一段婚姻若因缺乏教會證婚而被認定無效，卻仍在市民法下具備契約效力，雙方需履行財務義務，甚至涉及子女監護權爭奪。

第八章　信仰與律法：從查士丁尼到方主教的法理攻防

　　此外，在遺產處理與契約爭端上，教會法亦與市民法相互交纏。中世紀許多契約——尤其是誓約性質的捐贈或終身奉獻——皆由教會見證並以聖器為擔保，故其合法性不僅須依羅馬契約原則判定，也取決於教會是否認可誓言為「誠信之行為」。這使得市民法院在處理類似爭議時，往往需請教主教或教士協助釐清其宗教含義，甚至須依教會法規進行判例比對。雙方於是發展出一套非正式但穩定的跨法域合作模式，使案件得以在兩法體系間進行彈性調解。

　　然而，這種交錯也常導致權限爭議與制度摩擦。部分市政法院質疑教會介入財產訴訟與家庭秩序是否越權，認為教會法未必具備充足世俗法律基礎；相對地，教會法庭亦對市民法院忽略誓言、未尊重聖事秩序之判決表示不滿。在某些城市如米蘭或康士坦察，甚至出現「雙法院制度」之現象：當事人可選擇向教會法庭或市民法院提出訴訟，視個案而定，亦有將案件自一法域轉至另一法域的策略行使空間，形塑出一種制度競爭與法理套利的社會實踐。

　　《查士丁尼法典》試圖為此提供一種整合框架，其部分條文明確規定教會法對於某些道德或信仰爭議具有優先解釋權，尤其在聖職任命、教會財產與異端處理等方面，賦予主教與教會議會極大裁量空間；同時，也試圖設立界限，如規定刑事重罪與行政命令仍應由市民法院執行，以防教權無限擴張。這種制度設計顯示出帝國政權一方面承認教會在靈性

治理上的不可取代性,另一方面亦致力於維持世俗法治的穩定性與一貫性。

總而言之,教會法與市民法的交錯地帶,揭示了中古世界法律秩序的混合性與調和性。兩者雖源異而功用相補,透過交叉引用、制度協商與實踐整合,使法治不僅成為社會秩序的工具,也成為宗教信仰與世俗治理交會的橋梁。在這樣的法理環境中,法律並非僅為權威制約的手段,更是一套包容多元價值、處理倫理與規範衝突的文化技術,其深層運作方式反映出中古社會對正義、信仰與秩序的綜合性理解。

第六節　婚姻、遺產與性道德的法治重塑

中古基督教世界中的婚姻制度、遺產安排與性道德規範,並非僅屬於私人倫理或家族傳統的領域,而是在教會與國家法制合作下逐步法治化的對象。從《查士丁尼法典》至後世教會法集的規定,我們可見這些生活領域逐步轉化為可被監督、審判與規訓的法律實體。婚姻不再只是家庭協議,而是社會秩序與信仰表述的一環;遺產不僅是財產移轉,更是家庭倫理與神聖承諾的延續;性行為則從個人行為轉化為可受法律裁量的德性實踐。這一法治重塑過程,深刻展現出中古社會對宗教倫理與法理正義的融合性追求。

第八章　信仰與律法：從查士丁尼到方主教的法理攻防

　　《查士丁尼法典》對婚姻制度的規定極具代表性，其明定合法婚姻須由雙方自由同意，並經神職人員主持與登記。這種制度設計，既吸納了羅馬法中關於婚姻契約自由的原則，也引入基督教強調神聖結合與誓言的神學意涵。婚姻因此被定義為一種受上帝祝福的契約，其解消（如離婚）需符合教會所認定的特定事由——如通姦、精神錯亂或信仰背離。這些標準顯示出，法律不僅維護婚姻秩序，也維護一種神學倫理的延續。

　　遺產制度亦在法典與教會法中經歷重大重構。根據傳統羅馬法，家父權對遺產分配具有高度決定權，女性與非嫡出子女往往處於不利地位。然而，基督教強調人性平等與慈善義務，促使教會推動更具包容性的遺產法改革。《查士丁尼法典》因此在遺產繼承方面放寬了對女性繼承權的限制，並賦予教會接收遺產的合法地位。這一變化不僅促進教會財富的累積，也將死亡後的財產安排轉化為一種宗教捐贈行動，將屬世資源納入永生信仰的邏輯中。

　　性道德方面，法典對通姦、亂倫、強暴與姦淫等行為皆有明確刑罰規定，並視其為對神與社會秩序的雙重侵犯。特別是通姦，不再只是私人婚姻違約，而被視為「靈性契約的破壞」，應由教會與國法共同懲處。這些法條不僅對女性施加較重規範，也對男性提出新的德性期待，如誠信婚姻、禁絕婚外性行為與擔當父職等。這種雙重治理邏輯，意在建立一套與基督信仰一致的公共性道德規範，並透過法律保障其實踐。

第六節　婚姻、遺產與性道德的法治重塑

此外，針對僧侶與修女的禁慾義務亦被納入法治管控。修道誓願若遭違反，如私下通婚或情慾行為，將被視為觸犯聖約，依法革除職務並處以懺悔刑罰。這不僅維護修會紀律，也將宗教生活的道德實踐納入可裁判的法律結構，使修道倫理不再只依賴個人信德，而有外在法制支撐。這種機制亦為後世教會在調查性醜聞與紀律違規上提供法源依據。

需要強調的是，這一套關於婚姻、遺產與性道德的法律重構，並非僅為懲戒目的，而也蘊含教育與社會引導功能。法律條文往往搭配講道、懺悔指引與教義詮釋，使信徒在道德教化與法律責任間建立一致認知。地方主教與教會法庭亦負責調處此類爭議，使法與牧靈結合，創造一種具倫理目的的法治實踐。

總結來看，婚姻、遺產與性道德的法治重塑，不僅是對私人生活領域的規範擴張，更是政教聯手建構信仰共同體倫理邊界的制度工程。法律成為信仰實踐的保障，信仰價值也賦予法律以正當性與普遍性。在中古社會中，家庭並非私人空間，而是神學治理的基本單位；道德不是選擇，而是法律責任的一環；遺產也不僅是世俗財富，更是靈魂救贖的象徵。透過這些重塑過程，教會與國家共同形塑出一種以信仰為核心的生活法理秩序。

■第八章　信仰與律法：從查士丁尼到方主教的法理攻防

第七節　法理用語中的神學語彙轉化

在《查士丁尼法典》與其後延伸出的中世紀法律語境中，法理用語與神學語彙之間的轉化關係日益緊密，這不僅是語言風格上的調整，更深層反映出政教體制對於法律正當性、倫理基礎與社會規範的重新定義。神學語彙的引入，使法律從羅馬帝國晚期的世俗理性進程，轉向以救贖、罪咎、恩典與聖約為核心的靈性法理建構，法律成為宗教教義在世俗領域的具體展演形式。

在查士丁尼編纂的《新律》中，我們可觀察到多數條文不再以傳統拉丁法的形式邏輯為唯一依據，而是引述《聖經》、教父著作與公會議的決議作為立法基礎。例如：針對異端者的懲治條文不單以「社會危害」為由，更強調其「褻瀆真理」與「違逆神意」，以此建立罪責的超越性維度。這使得「義務」（officium）、「責任」（culpa）、「秩序」（ordo）等羅馬法概念，逐漸轉化為具有神學色彩的「聖職」、「罪責」與「神授秩序」。

這一語彙轉化對法律敘事造成根本性改變。以「法律違反」（transgressio legis）為例，原指對成文法規的技術性違背，但在神學化語境中則與「原罪」與「墮落」相連結，使每一次違法行為不僅是社會不正，更是靈魂偏離真理的具體展現。因此，法律的懲罰功能也轉向靈性矯正，其目的不再只是恢復社會秩序，而是引導罪人悔改與重回恩典秩序。這樣的法

理觀,強化了懺悔制度、赦免儀式與懲罰教育的整合機制。

此外,法典中大量使用類似「慈悲」(misericordia)、「恩典」(gratia)、「審判日」(dies iudicii)等神學詞彙,作為法律裁量與施行的修辭依據。這些語詞原屬於教會禮儀與靈修傳統,但在法律文本中被用來調節審判者的態度與被告的定位。例如在針對悔過者的處置中,法典常強調審判官須兼具「正義」(iustitia)與「慈悲」,以模仿上帝的公義與憐憫。這種語言風格不僅提升法律的倫理高度,也使法官的角色轉化為牧靈性的判決者,而非純粹行政執行者。

教會亦積極推動法律語言的神學化標準化工程。主教會議與教會學校特別強調對法官與律師進行神學訓練,使其在審理案件時能理解教義意涵並正確援引聖經章節。例如:在判決誓言違反與遺產爭議時,需判斷當事人是否觸犯神聖盟約,並依據信仰行為進行衡量。這種語境中,法律論證不再是純粹邏輯推演,而是神學判斷的延伸,形塑出一種教義—法律複合語言體。

此類語彙轉化對民眾法律認知也產生深遠影響。信徒不再將法律視為外來強制,而是神意在人間治理的形式,違法即是得罪上帝,服法即為順服信仰。這種語言上的塑造,使法律獲得宗教性服從,並透過教會講道、教誨手冊與悔罪懺悔書等文本,進一步擴散至庶民社會。法語因此不僅在法庭使用,也進入講道壇、懺悔室與主日學,成為信仰教育的一環。

■第八章　信仰與律法：從查士丁尼到方主教的法理攻防

然而，法理語彙的神學化亦帶來問題。當神學術語與法律詞彙過度混用時，可能導致法律條文解釋標準的不穩定，特別是不同神學立場對「罪」、「恩」、「義」等詞彙的理解可能出現歧異。這在異端審判、教會爭端與教義分裂時尤為明顯，使法律失去統一標準並淪為派系工具。因此，中後期教會法編纂者如格拉提安（Gratian）即致力於將神學詞彙進行法理化整理，試圖建構一種既符合教義又具法律操作性的語言體系。

總而言之，法理用語中的神學語彙轉化，是中古基督教法制文化中的關鍵現象。它不僅重構了法律的語言邏輯與制度功能，更賦予法律以信仰倫理的深層正當性，使法律制度成為神學體系在世俗社會中的延伸實踐。這一語言政治策略，使政教體制能以話語方式建構服從與治理，同時也為後世政教語言分離與世俗法理復興埋下伏筆。

第八節　法律文本的講道用途與普及策略

在中古基督教世界中，法律文本並非僅存在於官方檔案、法庭審理或行政命令中，它更滲透於講道壇、教區活動乃至庶民生活的各個角落。這種法語的日常化、講道化與教化化，象徵著政教體制試圖將法律制度內化為群體信仰的一

第八節　法律文本的講道用途與普及策略

部分，使服法成為順服上帝的表現，並透過講道與教育體系，將法律內涵轉化為可理解、可實踐的道德規範。《查士丁尼法典》在編纂與推行過程中，即特別重視法律語言的教義包裝與口語傳播，使法律成為神學真理的延伸工具。

　　首先，法律文本被大量引入講道內容，特別是主教講壇與節慶講章中，成為宣講信仰倫理與教導社會秩序的重要依據。主教與神職人員會引用法典中的條文，說明信徒在婚姻忠誠、財產處置、父職義務或朝聖義務上的法律責任，並將其與《聖經》經文相互對照，形塑出「法與福音一致」的敘述結構。例如：在主日講道中引述懲戒通姦者的法條，便常與舊約中對貞潔的要求相連接，使信徒將法律視為上帝正義的延伸，而非世俗懲罰的工具。

　　這種法律講道化策略，也要求神職人員具備基本法律知識與解釋能力。部分主教甚至設立特別講道手冊（homiliary），收錄與法條相關之聖經註解與懲戒實例，以便神職人員能針對不同教區社會問題選擇合適法文講章，提升宣教效率。這些手冊成為地方教會教化群眾的重要資源，將抽象的法律條文轉化為具體生活指引。

　　其次，法律文本的普及也仰賴書寫與抄本技術的擴展。中世紀的修道院與教區學校是主要的法典抄寫與傳播中心，他們將《查士丁尼法典》與後世教會法規製成簡化版或註解版，使之更易於神職人員與讀書階層理解。這些「通俗法典」

第八章　信仰與律法：從查士丁尼到方主教的法理攻防

版本往往摻雜神學註解、教父語錄與講道例證，形成一種文體混合、語義多重的教化文本。通過這類文本，法律不僅被記錄，更被教導、傳誦與應用。

在庶民層面，法律內容的傳播則多仰賴視覺與儀式手段。例如：教堂壁畫、彩繪玻璃與雕刻常描繪法典中關於罪與罰的場景，如通姦者受懲、盜賊懺悔或異端遭判刑等圖像，不僅傳達信仰觀，也讓不識字的大眾直觀理解法律後果。宗教劇場與朝聖儀式中亦融合法律主題，強化信徒對法律條文與倫理規範的身體記憶與情感共鳴，使法制教育不再局限於書寫文本，而深入感官與情緒層面。

此外，地方教會亦發展出「悔罪問答」制度，即神職人員根據法典條文列出各類罪行與相對應懺悔方式，信徒透過問答自我審查，進入懺悔流程。這種制度不僅普及法律條文，也將其轉化為靈性實踐的指南，使信仰倫理與法律秩序形成內在連繫。問答書常按主題編排，如婚姻違例、偷竊、欺詐、違誓等，並註明法條來源與應懺條件，使信徒理解自己行為的法律與宗教後果。

值得注意的是，這一講道化與普及化策略背後隱含著權力運作的邏輯。透過對法律文本的神學詮釋，教會將其解釋權與施行權結合，形成一種「詮釋即治理」的話語權體系。信徒對法律的認識來自神職人員的宣講，對罪行的認定也依賴其教義判斷，進一步強化教會對信仰行為與社會秩序的控

制。法律因此不僅是統治工具,也是一套儀式性話語與權威認知體系的延伸。

總結而言,法律文本的講道用途與普及策略,是政教體制將法治內化為信仰實踐的關鍵工程。透過講壇宣講、視覺藝術、抄本製作與懺悔制度,教會成功地使法律語言滲透至各個社會層級,讓服從法律與順服上帝在信徒經驗中融為一體。這不僅強化了法律的實效性,也為中世紀法制文化注入持久的宗教語意與倫理深度,形塑出一種「被宣講的法律」與「可懺悔的秩序」之間的文化結構。

第九節　教會內部爭訟制度的建立

隨著中古基督教會的制度化與層級化發展,教會內部的規範與秩序不僅依賴信仰倫理與道德指導,更日益依賴一套具法律效力的內部爭訟制度。這套制度的建立與發展,是為了應對日益複雜的教會治理需求,包括神職人員違紀、財產爭奪、職位重疊、教義爭端與修會間糾紛等問題。在這樣的制度下,教會展現出其法律主體性,不再完全依附於世俗權威,而是能以自身法規與程序維繫信仰團體的紀律與權威。

教會內部爭訟制度的雛型可見於早期教父時期的主教法庭制度。主教作為教區領袖,不僅是靈性導師,也負責調解

第八章　信仰與律法：從查士丁尼到方主教的法理攻防

信徒間的爭端，並處理教士行為不端等問題。這類爭訟多以道德與牧靈標準為核心，並未形成明確的程序體系。然而，隨著教會組織的擴張與制度層級的複雜化，單一主教所能調解的事務已無法涵蓋所有問題，促使更嚴謹與層級分明的訴訟機制逐漸浮現。

查士丁尼時期的法律對教會內部爭訟提供了制度化契機。法典承認教會在自身組織內部擁有裁決能力，特別是在教義違反與教階行為失當方面，國法賦予主教團、宗主教、修會長與教宗不同程度的審判權限。例如：某一教士若被控違反誓願、擅離職守或濫用職權，須首先由地方主教或修會上級進行初步調查，若有重大爭議，則上呈高階教會法庭，甚至提交至羅馬教廷。這種金字塔式的訴訟系統，保障了審判層級的制度性，也維護不同教區間的紀律一致性。

在制度設計上，教會爭訟制度承襲羅馬法之訴訟程式，包括起訴（denuntiatio）、辯護（defensio）、審理（inquisitio）、證言（testimonium）、裁決（sententia）與上訴（appellatio）等程序，並以書面紀錄作為案件存檔依據。各教區設有書記官負責訴訟文件管理，使案件處理日益制度化。此一發展促使教會法學逐步誕生，專業訴訟代理人與教會律師（advocatus ecclesiae）亦隨之出現，成為教會內部法律制度成熟的重要象徵。

教會內部爭訟特別強調修復與懺悔，而非單純懲罰。懲戒形式包括禁職、降階、懺悔隔離或流放修院，目的在於挽

第九節　教會內部爭訟制度的建立

回當事人信仰而非徹底剝奪其身分。某些案件允許被告透過公開懺悔、賠償與重修誓約方式獲得赦免，展現出與世俗法不同的矯正導向。此種制度兼顧法律性與靈性面向，反映出教會作為宗教共同體，重視秩序的重建與靈魂的重整，而非僅是社會規範的執行。

在教義爭端方面，教會亦建立會議裁決制。凡涉及神學詮釋、異端爭議或教義新說的問題，需經主教團審理，重大案件則召開教區或普世會議定奪。例如十二世紀初的阿伯拉爾案，即歷經巴黎教會審理與多位主教聯合裁決，其辯護與定罪過程具有強烈制度色彩。此類訴訟不僅牽涉信仰內容，也深刻影響知識傳播與教義形成，其程序之公開性與書寫性，使之成為神學發展與法律制度交會的顯著場域。

然而，教會內部爭訟制度也並非毫無問題。高階神職人員之間的權力鬥爭常藉訴訟作為攻訐工具，致使部分訴訟失去原初信仰矯正目的，反而淪為權力競逐的場域。部分案件因地區主教保護心腹或拒不執行上級判決，亦造成制度執行落差。為此，羅馬教廷逐漸強化中央集權，並設立「教廷法庭」（curia romana），直接處理重要案件，並派遣使節巡視各地教會法庭執行情形，以提升制度一致性與裁判公正。

總結來說，教會內部爭訟制度的建立與發展，是中古基督教會法治化歷程中的重要篇章。它不僅提供教會自身治理與紀律的法律基礎，更形塑出一套兼顧信仰倫理與法律程序

■第八章　信仰與律法：從查士丁尼到方主教的法理攻防

的整合系統。這一制度使教會不單是信仰傳遞者，也成為制度建構者與倫理裁決者，顯示出宗教社群在自我規範上的高度自治能力與制度創造力。

第十節　法治語言如何規訓信徒與社會

在中古基督教世界中，法治語言不僅是統治權力的表徵工具，更是內化於信仰、倫理與公共生活中的規訓機制。《查士丁尼法典》及後續教會法規，所使用的語言並非單純的命令或處罰語句，而是滲透著神學價值、倫理訴求與信仰象徵的話語體系。這樣的語言形式，使法條本身成為一種價值觀的傳播者與行為規範的建構者，進而在深層文化結構中塑造信徒的行動模式、社會階序與倫理感知。

首先，法治語言的規訓力量表現在其敘事性與道德召喚上。中古法律文本經常以故事化語言、寓言化比喻或聖經引用導入法條，使讀者或聽眾不僅理解法律內容，更能與之產生情感認同。例如處理婚姻忠誠或財產誓言時，法條常以「如同上主與教會的盟約」作為比擬，將法律義務升華為靈性承諾，讓違法成為對神的背叛。這種敘事手法轉化了法律的懲罰性邏輯，使其帶有教化與改造意味，也更容易為信徒所接受與內化。

第十節　法治語言如何規訓信徒與社會

再者，法治語言透過神學詞彙的轉譯與重組，將抽象的神意具象為具體的社會行為規範。例如「恩典」、「義」、「誓約」、「悔罪」等詞彙，在法律語境中不再是抽象神學術語，而是可操作的法律概念，指涉特定行為的合法性與道德價值。這些語詞反覆出現在講章、主日學教材與懺悔問答中，使信徒在日常生活中學會用法律語言描述自身行為，也在潛移默化中被該語言架構其倫理判斷與社會角色。

此外，法律語言還具有空間性的規訓效果。法條文本不僅存在於法院與書籍中，更透過壁畫、石碑、壁飾與公共講道廣為散播，使整個城市與村落的空間成為法制話語的視覺載體。例如教堂入口處的「十誡圖像」、法庭牆壁上的懺悔規範、修道院內部的誓言條文等，皆屬將法律視覺化並內建於公共空間的策略。這使信徒無論身處何地，都可能置身於法律語言的符號環境中，在無形中被其規範與教導。

在此過程中，法律語言也成為社會階層劃分與權威正當化的工具。識字者、講道者與解釋者掌握法律語言的詮釋權，成為社會中的權威階層。透過講解、指導與懲誡，他們不僅維持秩序，更鞏固自身的社會地位。信徒則被鼓勵學習這套語言邏輯，透過懺悔、修行與法語的學習實踐，逐步進入教會體系認可的德性序列。這樣的語言分層，使法律既具約束力，又成為晉升機制與靈性認可的途徑。

第八章　信仰與律法：從查士丁尼到方主教的法理攻防

　　同時，法治語言也在儀式實踐中發揮規訓功能。如告解儀式中，神職人員將法律用語導入懺悔程序，明確列舉可罰與可赦之罪，使信徒在敘說自我行為時即已內化法律分類與評價機制。婚禮、洗禮與安葬等儀式中亦常引用法條語句，使個人生命歷程納入法律－神學共同語境。儀式不再只是宗教形式，更成為一種法律化的行為承諾，進一步強化信徒對自身行為之法理自覺。

　　最終，這套法治語言的規訓力量不僅限於教會內部，更延伸至市政行政與社會規劃領域。市民法庭開始使用帶有神學色彩的法律文本進行審判，市政規則亦引入教會法典中的道德用語進行行為規範，例如禁止市集上的「褻瀆言語」與節期中強制休市等措施，皆源自教會法律語彙的滲透。法律因此不僅是制度規範，也是一種文化實踐，形塑出中世紀社會對於正義、倫理與行為標準的整體想像。

　　總結而言，法治語言在中古基督教世界中的規訓功能，遠超過現代法律所追求的行為控制與秩序維持。它是一種建構信徒倫理結構的語言機制，是一種內化於信仰實踐與公共生活的價值框架，也是政教合一時代下治理社會的隱性技術。透過話語、敘事、儀式與空間的全面布局，法治語言不僅成為規訓信徒的工具，更是形塑整體社會文化與宗教世界觀的深層力量。

第九章
神異與社會控制：
夢境、幻覺與魔鬼的編碼

第九章　神異與社會控制：夢境、幻覺與魔鬼的編碼

第一節　宗教經驗的正當性檢驗機制

在中古基督宗教世界裡，宗教經驗—無論是夢境、幻覺、神諭、異象或病癒奇蹟—都被視為與神靈互動的具體證據。然而，這些經驗並非一律被視為真實、正當與神聖，它們的合法性需經過教會建制的檢驗與詮釋，方能轉化為信仰共同體所接受的神異事實。正是在這種治理與辨識的過程中，宗教經驗被納入規範的語境，其主觀性被制度化、其情感強度被教義化，而其潛在的社會影響也被納入控制框架中。

這一檢驗機制的興起，部分源自宗教經驗本身的不可控性與高度個人化特徵。異象與神諭多發生於夢中、靜默祈禱或極端苦修狀態中，其表述形式既非經書所載，又難以預測與重現，因此極易脫離教義體系的引導，甚至衝擊教階秩序與教義標準。特別是在教會與異端勢力、民間信仰、地方先知之間的權力角力中，對於宗教經驗的正當性檢驗就顯得尤為關鍵。教會若無法控制神異敘述的產出與流通，即可能面臨群眾對非正統靈驗者的追隨，從而造成信仰治理的瓦解。

為此，教會逐步建立出一套辨識宗教經驗真偽的理論工具與審查程序。神學家如奧斯定（Augustinus）與大格列高利（Gregorius Magnus）在其著述中提出關於異象真假辨識的標準，強調正統經驗應具備「符合教義」、「出於謙卑」、「促進悔改」等特徵；若異象導向自我崇高、鼓吹離經叛道、或主

第一節　宗教經驗的正當性檢驗機制

張教義新說,則應判定為魔鬼誘惑。這些神學標準隨後被納入教會法規與修道院內部手冊中,成為神職人員處理神異事件的判準依據。

在操作上,宗教經驗的檢驗常以公開聽證、主教裁決與審慎觀察為主要程序。當信徒或修士聲稱遭遇異象或受神啟示時,需向所屬教會提出報告,主教則指派調查團隊或進行聽證,觀察該經驗是否與教會教導相符。某些情況下,經驗者需接受試煉——如禁食、封修、或誦經——以證其經驗之真誠。若結果顯示為誇大、虛構或邪靈附身,教會可施以懲戒,甚至將其逐出教會社群,以示警戒。

這樣的檢驗機制不僅是信仰治理的手段,也是文化生產的機制。宗教經驗若獲得認證,便可能被納入聖人傳記、教會年鑑與神學論述中,成為神聖歷史的一部分;反之,若被判為虛妄或異端,則被排除於正統記憶之外。這種收編與排除的文化實踐,使教會得以控制神異敘事的產出源頭與流通軌跡,確保宗教經驗不會偏離正統道路。

更進一步地,宗教經驗的檢驗往往伴隨對身體與情緒的審視。教會將經驗者的語言、行為、身體表徵視為判斷真偽的重要依據。誠實者應當謙卑、不炫耀異象、不誇張表達,並服從教會指導;若經驗者情緒激動、言語偏激或拒絕主教審問,則常被視為不受聖靈引導。這種身體化的規訓方式,使宗教經驗不僅是教義問題,也成為一種紀律與規範的實踐

第九章　神異與社會控制：夢境、幻覺與魔鬼的編碼

場域，透過行為的塑形達到靈性與法理的合一。

值得注意的是，這套檢驗體制也並非全然排拒經驗的價值。許多經由教會認證的神異經驗者──如赫德嘉・馮・賓根（Hildegard von Bingen）、方濟各（Franciscus of Assisi）──反而因其經驗被制度化與記錄化，而成為教會神學發展的重要參照點。教會一方面限制經驗的濫用，另一方面也從中選擇性地吸納具神學意義與教化潛能的案例，使之服務於信仰的推廣與群體的凝聚。

總體而言，宗教經驗的正當性檢驗機制是一套結合神學原則、法理程序與文化控制的治理系統。它不僅處理信仰個體與神的互動是否可被信仰共同體接受，更在制度層面上建構了宗教正統性與教會權威的穩固基礎。透過這一機制，中古基督教世界得以將不可控的個人神異經驗轉化為可治理的公共神聖記憶，使信仰不致崩解於多元經驗的雜沓中，而能維繫其教義核心與社會秩序。

第二節　異象、幻覺與神諭的社會意義

在中古基督宗教的社會與文化世界裡，異象、幻覺與神諭並非僅屬個體經驗或宗教情感的產物，它們更是深嵌於公共記憶、權威建構與社會治理結構中的重要現象。這些看似

第二節　異象、幻覺與神諭的社會意義

超驗的經驗型態，往往承載著集體認同的構築、教義詮釋的實踐與政治秩序的維繫。它們在具象化上帝旨意的同時，也參與了人間秩序的調整與再製，成為中古社會中不可忽視的象徵力量與社會操作工具。

異象與神諭最早的功能，在於強化神聖臨在與靈性引導的信仰框架。在一個文字能力普及尚有限、神學理解主要仰賴視覺與聽覺敘述的時代裡，異象成為理解信仰奧祕的視覺管道。例如修女或苦修士描述與基督對話、與天使同行或見到煉獄火海等異象，並不只是其個人宗教歷程的紀錄，更常被神職人員轉述為證道材料，用以鼓舞信徒悔改、懼罪與修德。這些異象成為公共道德想像的具象化文本，透過書寫、講道與圖像化轉譯，滲透入社會教育與倫理規範當中。

此外，異象與幻覺亦常用以確認教會權威與信仰正統性。當一位聖人或信徒的異象內容與既定教義一致、強化既有倫理秩序，便可作為信仰正統之證。某些主教或修會創辦人即因其異象內容獲得教廷認可，進而升格為聖人，甚至推動整個教區的信仰復興。反之，若異象內容與正統教義相左，則被視為魔鬼誘惑或異端鼓動。由此可見，異象本身並無絕對正義性，其社會意義建構高度依賴於教會權威的詮釋與文化生產機制的選擇性吸納。

神諭的社會意義更加政治性。特別是在王權轉移、戰爭爆發、瘟疫蔓延或教會分裂等重大歷史時刻，來自夢境或異

第九章　神異與社會控制：夢境、幻覺與魔鬼的編碼

象中的神諭常被用作正當化某種政治抉擇或宗教判斷的依據。國王若宣稱夢中受神指引而出征、建堂或改革制度，則其政治行動即被披上神聖光環，減少民眾抗拒。相對地，異端領袖也常宣稱自己蒙神啟示，從而挑戰既有秩序，導致教會需投入大量資源進行神諭審查與經驗壓制，確保神聖訊息的單一正統話語不被撕裂。

　　異象與幻覺在地方社會中也具有群體認同建構的功能。某村落若有信徒聲稱見到聖母顯靈或地方聖人復活，其經驗常引發地方朝聖潮流，帶動教堂建設與聖物供奉。這不僅加強地方社群的凝聚力，也使信仰認同與地域認同緊密結合，形成神學－地緣複合的信仰空間。在此意義下，異象不僅是屬靈現象，也是地方社會爭奪宗教資源與聲望的文化資本。

　　需要特別指出的是，異象與幻覺的敘事性亦影響歷史書寫與公共記憶。許多中世紀歷史文獻，如聖人傳記、編年史與修院紀錄，皆包含異象記述，其目的不只是記錄神聖事件，更藉由異象將教義、倫理與歷史詮釋連結起來，為當下政教安排賦予超越性意義。例如一場饑荒若被解釋為對信仰冷淡的懲罰，則異象中的神諭即成為回應危機的精神處方與社會教育文本，強化教會在災難敘事中的詮釋霸權。

　　總而言之，異象、幻覺與神諭的社會意義，遠非個人神祕體驗的表面現象，而是中古基督教社會中建構信仰邊界、強化政治正當性與穩固社群秩序的重要文化實踐。它們透過

敘事被訴諸群體記憶,透過詮釋被納入教會治理,透過視覺與講道被內化於信徒心靈之中。神異經驗不僅構成超驗感的基礎,也是政治宗教體系進行治理、教化與規範的話語節點。

第三節　教會對夢境的詮釋與操控

夢境,在中古基督宗教文化中具有多重面向的意義。它既被視為神聖啟示的通道,也是魔鬼迷惑人心的工具;既可成為聖者德行的象徵媒介,也可能是異端思想的危險徵候。這種兩極化的理解,使教會必須面對一個核心問題:如何界定夢的來源?又如何操控夢的詮釋權?在此背景下,教會不僅發展出一套精緻的夢境詮釋框架,也以制度化與教化手段將夢納入信仰治理的領域。

從聖經時代開始,夢便被視為與神明溝通的重要管道。舊約中的約瑟解夢、新約中的約瑟得夢遵從天使指示娶瑪麗亞等事例,使夢境具有正統神學基礎。早期教父如耶柔米(Hieronymus)與奧斯定(Augustinus)亦承認夢可能來自神的感動,但強調其詮釋須極為謹慎,並需接受神職人員的判斷。夢境若導致信徒自誇、自義或質疑教會教義,則極可能被定性為來自魔鬼的誘惑。這種詮釋邏輯,賦予教會高層對夢境真偽具有決定性詮釋權。

第九章　神異與社會控制：夢境、幻覺與魔鬼的編碼

在操作層面，教會建立了夢境審查的制度化程序。信徒若夢見異象，尤其是關於末日、聖母顯現、天堂地獄或教會命運者，須向當地神職人員報告。神職人員會根據夢者的品格、信仰狀態、夢境內容與符號進行初步判斷，若認為具有潛在教義意義，則可上呈主教或修會上級會審。特定場合下，夢境甚至會被呈交教廷神學部門進行詮釋，並作為頒布信仰方針或懲戒命令的依據。

夢境的詮釋依循一套神學語義系統，將夢中景象轉化為符合教義邏輯的寓言。例如，夢見火焰，不僅代表危險或懲罰，更象徵煉淨靈魂的恩典之火；夢見階梯，則讓人聯想到雅各夢中的天梯，寓意靈性的提升。這類符號詮釋多由神學家與修道士編撰成冊，在修道院內部廣泛流傳，用以指導神職人員將夢境納入講道與牧靈勸誡。代表性文本如《達尼爾夢書》(*Somniale Danielis*) 與各類「鏡書」，構成了一套制度化的夢境閱讀框架，使個人經驗得以轉化為神學語言中可解釋、可治理的信仰經驗。

同時，教會也以夢境為媒介推動信徒的行為轉化與倫理內化。許多懺悔文本與聖人傳記中，夢常作為靈性覺醒的契機——罪人在夢中見到煉獄之苦，醒後決志悔改；聖者在夢中聽見神的呼召，隔日即遠離俗世、入修道生活。這些敘事被大量轉譯為講章、懺悔手冊與視覺藝術，在民間形成夢等於神諭的文化感知，並加強信徒將夢境與信仰實踐結合的傾向。

第三節　教會對夢境的詮釋與操控

　　夢境的操控不僅限於詮釋層面，更進入夢的「生產」與「框定」之中。修會規章中常要求修士夜間前誦固定經文，期望夢中可得神聖啟示；部分神職人員於信徒病床前為其祈禱，使其夢中得聖人來訪，進而重拾信心。此類操控策略使夢境不再是無意識的偶發事件，而是教會可引導、再現與規訓的信仰場域。

　　然而，也有夢境逃脫教會控制，甚至成為教會改革與異端主張的推力。中世紀中晚期不少靈修運動與女先知即以夢境為神聖召喚之憑據，挑戰教會權威，主張回歸原初福音精神。面對此類情形，教會一方面加強夢境的神學界定權，一方面將可疑夢者標記為潛在異端，納入觀察、隔離或懲治名單之中。

　　總結而言，教會對夢境的詮釋與操控，是一種話語權與治理實踐的結合。透過制度化的審查機制、神學語義的建構、牧靈敘事的導入與象徵秩序的鞏固，夢境成為信仰教育、倫理訓誨與社會控制的有力工具。在夢與醒之間，教會不僅訴諸天啟，也訴諸話語與制度，使靈魂的隱祕經驗轉化為可治理、可複製、可懲罰的信仰實踐。

■第九章　神異與社會控制：夢境、幻覺與魔鬼的編碼

第四節　病癒奇蹟與醫療秩序的競逐

在中古基督教社會中，疾病與痊癒不僅是身體狀況的變化，也牽涉到神學詮釋、倫理判斷與社會秩序的建構。特別是病癒奇蹟的敘述，往往挑戰了傳統醫學對於病因與治療過程的掌控，使得醫療與宗教兩種知識體系在身體治理的實踐中產生張力。教會對奇蹟痊癒的推廣，不僅是對信仰力量的彰顯，也是一種對醫療秩序話語權的競逐，顯示出信仰、身體與權力之間錯綜複雜的關係。

奇蹟治癒在聖經中即具重要地位，新約中耶穌醫治瞎眼者、癱瘓者與痲瘋病人的敘述，奠定了基督徒對神蹟醫治的深厚期待。此一信仰實踐在中古時代延伸為對聖人靈驗的認定標準之一——若其墳墓、遺物或顯靈場所有病癒之效，即可視為神聖中介者的明證。因此，聖人崇拜與病癒奇蹟彼此依存，構成一套神學－醫療混合體。

教會精心建構這種治癒奇蹟的可見性。教堂內設有專屬聖人靈跡的空間供奉、朝聖路徑與獻祭臺，信徒被鼓勵前來懇求痊癒，並將經歷書寫成「治癒敘事」(miracula)，進而存入修道院檔案或宣讀於禮拜儀式中。這些敘事常包括病人原本病情無法醫治、於聖地或神像前虔誠祈禱後忽然康復等情節，目的在於強化信仰治癒的正當性與感召力。此類故事的廣泛流傳，使教會掌握病癒的話語權，也強化信徒對醫療與

第四節　病癒奇蹟與醫療秩序的競逐

信仰不可分割的認知。

然而，奇蹟敘述的擴張也引發與世俗醫療的競爭。隨著希波克拉底醫學傳統與阿拉伯醫療知識逐漸進入歐洲大學與宮廷體系，醫療成為一門具理論體系與技術操演的專業知識。醫師強調病因的自然解釋、病徵的理性分類與治療的經驗累積，對奇蹟治癒現象提出懷疑或要求驗證。教會雖對部分理性醫療給予接納，但對其試圖排除信仰因素的傾向保持警覺。

為回應醫療理性主張，教會一方面吸納醫學術語與結構，將奇蹟治癒編入聖人認證的法定程序中，要求記錄病名、症狀、前後病情變化與見證人證詞；另一方面，強調醫學無法解釋的治癒即為神蹟本質。這種策略使得奇蹟痊癒不僅成為信仰實證，也呈現出與醫學專業對話甚至競逐的形態。病癒不再單純屬於醫療場域，也成為神學法理所共同介入的身體經驗場域。

此外，教會透過神職人員與修會醫護網絡，也參與實際的照護實踐，設立病院、癩病院與朝聖者庇護所，將醫療與牧靈結合。修女與修士兼具照護、醫治與祈禱功能，使得教會醫療網絡遍布城市與鄉村，形成與世俗醫師平行但具高度信任度的照護體系。許多信徒甚至更信賴教會提供的「屬靈療法」，如聖水、遺物觸碰、告解與贖罪等，視其為治癒身體與靈魂不可或缺的手段。

■第九章　神異與社會控制：夢境、幻覺與魔鬼的編碼

在權力面向上，病癒奇蹟亦常成為教會與王權、地方領主爭奪民眾支持的工具。聖人治癒事蹟若發生於某一地區，可提升該地教會的聲望與收入，甚至引發地方對聖物遷移的爭奪；朝聖路線的安排與病人動線的引導，也意味著信仰空間的主權重新配置。奇蹟治癒從而不只是靈性現象，也深刻介入地理、經濟與行政層面的治理技術之中。

總結而言，病癒奇蹟與醫療秩序的競逐，是中古社會中身體治理權力場的集中展現。奇蹟痊癒不僅是信仰力量的顯現，更是教會控制身體、詮釋疾病、建構倫理秩序的有效話語形式。透過制度化敘事、空間建構與實務操作，教會與醫療體制共構了一種信仰－醫療複合體，其中的病患既是受治者，也是神學與醫學話語爭奪的主體與載體。

第五節　魔鬼、妖術與驅魔實務

在中古基督宗教的信仰世界裡，魔鬼與妖術的觀念不僅構成神學體系中對惡的象徵與敘述核心，更深刻影響著日常社會中的控制技術與懲罰實踐。教會如何界定、描繪並對抗魔鬼與妖術，構成一套交織神學、法律與儀式操作的綜合體系。驅魔不只是靈性實踐，也是政治－神學秩序的一部分，涉及誰擁有治理靈魂與身體異常狀態的正當話語權。

第五節　魔鬼、妖術與驅魔實務

魔鬼的形象，在聖經與教父著述中逐步成形，從《創世記》中的蛇、《約伯記》中的試探者，到新約中對耶穌的誘惑者，構築出一種以誘惑、偽裝與擾亂秩序為主軸的惡的擬人化象徵。奧斯定與大格列高利將魔鬼定義為墮落天使，其目的即在於使人遠離神，藉由誤導、疾病與異象來攪亂信仰生活。這一惡的敘事成為教會對信仰偏離、社會異常與精神失序的主要詮釋工具。

與此同時，妖術（maleficium）被認為是人與魔鬼結盟的表現，包含詛咒、邪術、損人咒語、煉金與符咒操控等行為。教會教義認為施行妖術者不僅犯下倫理罪，更破壞了上帝創造秩序，應受譴責與懲戒。尤有甚者，教會認為某些妖術可能導致異象、幻覺或疾病，使個人或社群陷入信仰錯亂與身體崩壞。

驅魔儀式因應而生，成為教會應對惡靈干擾的正式手段。自早期教會即有逐魔禱文，至中世紀發展為系統化的儀式。典型驅魔包括誦讀福音經文、施灑聖水、懸掛十字架、燃燒香料與強制對被附身者詢問聖名等程序。此儀式需由經主教認可的神職人員執行，並常搭配禁食、懺悔與公開告解，強調身體與靈魂的雙重潔淨。

驅魔亦逐步制度化，教會法規要求記錄每起附身事件的背景、症狀、行為模式與驅魔結果，藉此區辨精神疾病、信仰偏差與真實附魔。神學家如多瑪斯·阿奎那強調，非所有

第九章　神異與社會控制：夢境、幻覺與魔鬼的編碼

異常行為皆來自魔鬼，也可能出於自然或心理因素。此種辨識嘗試展現出教會在對抗妖術與魔鬼時所追求的理性治理與神學邏輯。

然而，驅魔實務也面臨其治理風險。隨著個案的增加與民間信仰的活絡，部分神職人員或民間驅魔者利用驅魔行為操控群眾，甚至藉此獲取財物或聲望，引發教會對濫用儀式的警惕。教廷遂制定逐魔指南，規範誰能進行驅魔、何種情況適用、儀式步驟為何，防止驅魔行為逸出正統控制。

驅魔行為的社會效果不可小覷。許多驅魔儀式為公開進行，成為信仰共同體對異常個體進行懲戒與排除的儀式性展示。附魔者（possessed）往往身體扭曲、言語乖張、拒絕聖物，經過驅魔儀式後恢復常態，即成為神恩顯現與信仰力量的具體證明。這樣的實踐不僅重申教會對神聖與不潔的界線劃定，也強化教會在控制病態、異端與性別越界行為方面的象徵能力。

特別值得注意的是，驅魔實務與性別規訓之間的關聯。中世紀晚期大量妖術與附魔案例聚焦於女性，尤其是未婚女性、老嫗或性格反常者，反映出社會對女性身體與權能的焦慮。驅魔行為成為控制女性言說與行為越軌的手段，使驅魔成為不只是信仰治理，更是性別權力操作的現場。

總結而言，魔鬼、妖術與驅魔實務構成一套神學、儀式與社會實踐的複合治理機制。教會透過描繪魔鬼敵人、定義

妖術犯罪與制度化驅魔實踐，建立對信仰異常與社會秩序失衡的全面應對體系。驅魔不只是宗教行為，它也是關於身體治理、權威正當性與群體邊界的象徵實踐，在恐懼與救贖的交織中，鞏固中古世界教會對靈魂與社會的雙重主權。

第六節　幻覺作為信仰偏差的警訊

在中古基督教世界中，幻覺作為一種感知異常的現象，不僅受到神學與醫學的高度關注，更被教會視為辨識信仰偏差與靈性失序的重要徵兆。幻覺的出現往往引發人們對個體靈魂狀態的懷疑，其所傳遞的聲音、圖像與命令若與教義不符，即可能被視為魔鬼操控或異端入侵的表現。因此，幻覺不僅是個人經驗的失控現象，更是教會監控與治理系統中警示信仰偏離的關鍵節點。

從神學角度看，幻覺的意義充滿張力。教父如奧斯定與大格列高利承認神有時會透過夢境或異象傳遞啟示，但他們同時警告信徒應保持警覺，區辨何者來自神，何者出自惡靈。尤其在苦修與禁慾狀態中產生的幻覺，更容易被誤認為神啟，事實上卻可能只是心理緊張與身體虛弱所導致的感知異變。因此，幻覺的真假成為神職人員判斷靈性健康與教義忠誠的重要依據，並構成教會控制神祕經驗合法性的手段之一。

第九章　神異與社會控制：夢境、幻覺與魔鬼的編碼

　　教會在實務層面設置辨識幻覺的標準與流程。信徒若聲稱看見天使、聽見神語或見到異象，須經主教或修會神學委員會調查。調查標準包括經驗是否符合正統教義、是否導致行為偏離（如自殘、拒食、否認教義）、是否鼓動他人加入非法宗教行動等。一旦被認定為幻覺不實，其經歷即會被歸類為信仰偏差，並可能遭受懲誡、強制隔離或心理勸導。

　　幻覺作為信仰偏差的警訊，也牽涉到身體治理與道德規訓。幻覺經驗者常表現出異常行為，如喃喃自語、情緒失控、宣稱自己為先知等。這些表現不僅挑戰信仰秩序，也違反社會常規。教會將其解讀為靈魂失控的外在徵象，並將其納入牧靈治理的對象群體。透過告解、懺悔、默觀靈修與驅魔儀式，教會試圖重建其與神的正常連結，使幻覺從偏差回歸正軌。

　　幻覺也與異端運動密切相關。許多中世紀異端領袖宣稱在幻覺中獲得神啟，進而提出與教會相左的信仰主張，如瓦勒度派與羅拉德派的部分領袖即自述有神靈感動經驗。教會為防止此類幻覺成為群眾動員與教義裂解的契機，強化對幻覺言說的審查與懲戒機制。異象一旦與教義分離，就不再是神祕恩賜，而是異端誘惑的證據。教會寧可懷疑一切未經審查的神祕經驗，也不願冒信仰共同體瓦解之風險。

　　此外，幻覺的性別面向亦值得關注。女性在宗教幻覺報告中的比例遠高於男性，部分原因來自於女性在修道、禁慾

與苦修中所處的邊緣位置，使其身體經驗更易轉化為宗教幻覺。教會對女性幻覺持複雜態度：一方面認可如聖女布麗姬、聖女赫德嘉等人的經驗，將其收編為神學與靈修資源；另一方面，對普通女性宣稱見異象者則加倍懷疑與限制，擔心其越界言說破壞教會教義與性別秩序。

總結而言，幻覺作為信仰偏差的警訊，展現出中古教會如何將感知異常與信仰治理交織運作。幻覺經驗並非單純的神經現象，而是經由話語、制度與儀式加以建構與控制的宗教事件。透過辨識、審查與懲誡，教會將幻覺納入靈魂治理的範疇，使其成為檢視信仰純潔、維護教義正統與鞏固群體秩序的工具。在這樣的制度機制下，感知異常者不僅被醫學化或神學化，更被社會化與政治化，成為教會治理信仰邊界的重要象徵。

第七節　民間信仰與官方神學的視覺對抗

在中古基督教社會裡，信仰不只是透過文字與講道傳遞，更根植於圖像、空間與儀式的視覺文化之中。官方神學透過雕像、壁畫、聖物展示與禮儀服飾等視覺符號來建構教義秩序與信仰正統；與此同時，民間信仰也透過自己對聖者、靈體、夢境與奇蹟的圖像再現，形成一套與官方詮釋競爭的

第九章　神異與社會控制：夢境、幻覺與魔鬼的編碼

信仰視覺語彙。這些來自不同階層與權力位階的圖像生產與再現構成了中古社會中的一場長期而多層次的視覺對抗。

官方神學所主導的視覺體系，從大教堂建築、彩繪玻璃、壁畫敘事、彌撒儀式到聖人聖像，無一不力圖表達神學論述的權威性。教會設計聖堂空間，使信徒自進入之刻即被神學圖像包圍，聖經故事的圖像線性排列、祭壇上的聖物展示、聖母與基督的雕像放置，都試圖將抽象的信仰轉譯為可見的、可感的神聖秩序。透過這些視覺配置，教會鞏固其詮釋權與空間主權。

然而，在教堂外，在村落、家庭與市場等日常空間中，民間信仰也建構了屬於自己的視覺信仰世界。這些包括牆上懸掛的簡陋聖像畫、手工製作的護身符、信徒夢境中的神聖形象敘述、田間立石與井邊小聖壇等。這些視覺形式不總是與教義一致，常夾帶前基督教的自然神信仰、地方神話與祖先崇拜元素，形成一種融合式的宗教圖像語言。例如：有些農村聖人雕像會攜帶農具或與當地水源傳說連結，顯示地方性神聖形象如何挑戰或重寫教會所推行的普世象徵體系。

此種視覺對抗特別明顯於奇蹟與病癒圖像的再現上。教會控制下的圖像著重聖人之德與神蹟的正統性，強調其與教會儀式、信仰懺悔之關聯；而民間敘事與圖像則更關注個人苦難與靈驗實效，例如在牆上繪製的痊癒場景、懸掛的還願手腳模型與敘述奇蹟的小木牌，展現出「信得見」的神聖視覺

第七節　民間信仰與官方神學的視覺對抗

經驗。在這裡，神性不再僅是教會所揭示，而是由苦難者所見、所說與所呈現，挑戰官方所壟斷的神蹟定義權。

官方與民間之間的視覺張力，也常在圖像毀損與重新安置中具體化。教會會定期檢視村落中的聖像，若認定為異端或迷信，即予以毀棄、焚燒或勒令移除；反之，信徒若認為某圖像具有靈驗之力，則可能在夜間私下重新豎立、重新畫製，形成一場象徵性反抗。這種圖像的隱微爭奪，不僅是神學差異的外顯，也是社會階層與地方權力意識的文化表達。

更有甚者，視覺對抗也表現在教堂內部的圖像使用上。某些地區主教容許將地方神話與官方聖人形象融合，例如將地方女神重新詮釋為聖母像、將河神形象轉化為聖若望的治水奇蹟，以達到地方安撫與教義整合的目的。這些策略雖表面上鞏固了教會在地信仰基礎，實則也承認了視覺治理上教會不得不與民間文化妥協的現實。

總結來看，民間信仰與官方神學之間的視覺對抗，不只是關於信仰內容的分歧，更是關於誰有權決定神聖的模樣、誰能掌控圖像敘事權的政治鬥爭。透過聖像的製作、使用與流通，教會與民間不斷在神聖可見性的邊界上博弈。這場視覺上的辯證與衝突，構成了中古宗教文化中最具張力的層面之一，也揭示出信仰實踐始終是在權力與感知之間進行的長期對話。

■第九章　神異與社會控制：夢境、幻覺與魔鬼的編碼

第八節　聖人顯靈故事的文本標準化

在中古基督宗教社會中，聖人顯靈事件不僅是信仰體驗的顯現，更是一種教義推廣、地方信仰整合與權威鞏固的有效工具。這些神蹟故事透過教會機制的收集、審查與再製，逐步從口述傳說轉化為具有高度格式化與神學意涵的文本。所謂「文本標準化」，正是教會藉由統一敘事模式、固定神蹟語彙與整合地方經驗，將原本多樣、散亂與具地域色彩的神蹟敘事納入正統神學與信仰治理體系中的過程。

聖人顯靈故事最初多源自口傳經驗，來自朝聖者的親身敘述、病患家屬的還願故事或地方傳說的流變。這些故事內容豐富、形式多元，常常摻雜地方語言、非教義性的民俗觀念或個人幻想敘述。面對此類資料的爆炸性流通與群眾信仰的高度熱情，教會一方面重視其宣教潛能，另一方面則擔憂其信仰偏離與教義混淆的風險，因此逐步展開對神蹟敘事的文本編輯與神學過濾工程。

從十二世紀起，教會開始設立專責單位與神學官員，系統性地搜集各地聖人顯靈案例，並依據教義一致性、神學價值與證人可信度進行篩選。這些故事需符合特定邏輯模式，例如：病人因虔誠祈禱而獲神蹟痊癒、失明者在夢中見聖人引導而復明、罪人見聖像流淚而痛悔悔改等。若故事中出現與教義不符的元素，如非基督信仰的神祇參與、過度神祕化場景或個人神

第八節　聖人顯靈故事的文本標準化

啟超越教會權威等，則多被剔除或大幅修改後收錄。

這種標準化亦呈現在文本結構與語言風格上。大多數經教會審定後的聖人顯靈故事皆採取三段式架構：一、信徒的苦難與呼求；二、聖人顯靈的細節描寫；三、神蹟發生後的社會回應與教會感謝儀式。語言上則傾向使用拉丁文教會術語，強調聖人作為上帝代理人之角色，並避免個人情緒過度渲染。此種敘事模型逐漸普及，使後來神蹟敘事不再是個人化的真實陳述，而成為一種帶有典範性與宣教意圖的文學樣式。

此外，聖人顯靈故事的標準化也具有制度功能。在封聖程序中，這些經過整理的神蹟敘事是申請者能否獲認可為聖人的重要依據。教廷通常要求至少具備兩至三個無法以自然醫學解釋的奇蹟案例，並有明確紀錄、證人陳述與地方主教背書。為此，各地教會紛紛成立「奇蹟書記室」或設專責修士記錄奇蹟，形成一套嚴謹的文本生產與管理制度。這不僅提升聖人顯靈故事的可信度，也讓教會對地方信仰進行制度性統合。

值得注意的是，這一標準化過程並未完全抹除地方色彩，而是在教會控制下進行轉化與再語言化。許多顯靈地點與聖人特質依舊保有地方文化記憶，但透過語言修辭、場景重新安排與神學用語包裝，逐步納入普世信仰系統。例如：一位本地女聖人若原本與河神傳說糾纏不清，則其故事可能被重寫為她在河邊救起溺水兒童，展現基督之愛；或將其苦修生活與聖母典範做連結，以提升其聖潔意義。

第九章　神異與社會控制：夢境、幻覺與魔鬼的編碼

總結而言，聖人顯靈故事的文本標準化，是教會在面對信仰多樣性與敘事擴張下所採取的治理策略。這一過程不僅提升神蹟故事的神學一致性與教義可控性，也使教會在信仰傳播與聖人崇拜中掌握敘事主導權。透過標準化，聖人不只是地方性的靈驗象徵，更被塑造成普世教會認可的信仰典範，成為中古宗教文化中連接神聖、歷史與制度的關鍵節點。

第九節
異象的性別面向與女性信徒的管束

在中古基督宗教社會中，異象作為一種特殊的宗教經驗，其性別面向尤為顯著。雖然男性與女性皆可能宣稱接收到神聖啟示，但女性異象者在教會與社會中的位置，往往充滿矛盾與緊張。她們一方面可能被視為神的選民、聖靈的代言人，甚至在特定歷史時刻獲得極高的信仰地位；另一方面，她們的經驗也經常受到懷疑、審查與管束，反映出中古社會對女性言說權與宗教能動性的複雜態度。

從歷史資料來看，女性異象者的數量在十二世紀以降迅速增加，尤以修道院中的女性、苦修女與民間女先知為主。她們所見之異象內容，常涉及基督受難、聖母顯現、末日預言或靈魂審判等強烈情感與視覺張力的圖像。由於女性社會

第九節　異象的性別面向與女性信徒的管束

位置的邊緣性與其在宗教訓練中強調情感內化與苦修實踐，使得她們比男性更易將宗教感知轉化為異象形式。

然而，正因女性異象傾向強調身體感受與視覺表現，也更容易受到教會質疑與控制。教會普遍認為女性理性較弱、情感易受操弄，因此即便她們的異象獲得廣泛流傳，也需經男性神職人員的背書、審核與詮釋。許多女性異象者的語錄皆由男性修士筆錄與加工，透過文學語言的規訓將她們的經驗包裝為符合教義要求的文本，並避免其越界進入神學論述或政治宣言。

教會對女性異象的懷疑也展現在法理制度與懲戒機制中。若女性異象者言談中出現自我神格化、否定教會權威或聚眾講道等行為，極可能被指為異端、被監禁、驅逐甚至火刑處決。著名案例如瑪格麗特·波雷特（Marguerite Porete）即因其著作《簡單靈魂之鏡》（*The Mirror of Simple Souls*）中主張靈魂與神合一而無需中介權威，遭教會視為危險異端，最終被處以極刑。這類案件揭示了女性異象者雖具靈性影響力，卻同時被制度視為潛在的宗教反叛者。

除了教會審查，女性異象也成為性別規訓的載體。許多異象涉及女性自身對貞潔、謙卑、痛苦與犧牲的描繪，形成一種「聖潔女性」的身體範式。女性修道者的異象經常呈現她們如何在夢中忍受鞭打、身體裂解、受難和與基督合一等圖像，而這些經驗不僅被詮釋為靈性的升華，也被作為女性德

■第九章　神異與社會控制：夢境、幻覺與魔鬼的編碼

行的道德教材。透過這類敘事，教會鞏固了女性身體應被管束、情感應被獻祭、言說應服從的性別秩序。

　　與此同時，也有一些女性異象者透過巧妙的語言與形象建構，突破性別管束並贏得信徒與教會尊重。如聖女赫德嘉（Hildegard von Bingen）便以「我是愚昧女人，唯奉神命書寫」的姿態，將自身異象合法化並轉化為音樂、醫學與神學的創作。她的成功在於將性別弱勢轉化為靈性謙卑的資源，使其異象不再是對教會權威的挑戰，而是服務於教義詮釋與神學闡釋的工具。

　　總體而言，異象作為一種宗教實踐，在中古社會中不僅是一種靈性現象，也是一種性別話語的場域。女性信徒的異象既可能被接納為信仰的證據，也可能被視為失控的邊緣言說。透過制度化的紀錄、教義化的詮釋與懲戒性的機制，教會一方面汲取女性異象的靈性資源，另一方面則嚴格限制其社會能動性與神學主體性。異象的性別面向，不僅揭示信仰實踐的深層性別結構，也映照出中古宗教秩序中女性位置的矛盾與張力。

第十節　神異敘事的記憶政治與公共宣傳

　　在中古基督教社會中，神異敘事並非單純的宗教記錄或信仰實踐，它同時也是一種具有政治意涵的記憶管理與宣傳

第十節　神異敘事的記憶政治與公共宣傳

工具。教會與地方政權透過對神蹟、異象、顯靈與驅魔等敘事的收集、改寫與擴散，形塑出一套具有統合性、導向性與教化性的記憶機制，使這些超自然經驗轉化為穩固群體認同、強化制度合法性與引導公共道德的話語資源。神異故事遂成為中古信仰世界中的象徵權力場，其編排與傳播無不透露出深層的政治結構與社會治理邏輯。

這種記憶政治的核心，在於教會如何透過神異敘事的選擇與書寫，塑造集體信仰記憶與空間記憶。特定聖人或聖地的神異事跡被重複書寫、講述與視覺呈現，其異象內容亦被格式化為道德教訓或救贖範例。神異不再是個體經驗的例外，而被納入教會主導的歷史書寫體系中，例如在教會年鑑、聖人傳記與祭典儀式中反覆呈現，使得信仰群體將某一地點、某一人物或某一事件內化為共同記憶的象徵中心。

透過這種制度化記憶操作，教會不僅設定何者為「真神蹟」、何者為「異端幻想」，更賦予信仰記憶一種導向性：歷史必須向神聖敘事靠攏，社會變遷須納入天意邏輯解釋，個人經驗應服從於公共教訓的規模。這樣的神異敘事有高度的選擇性與編輯性，地方的苦修者若未與正統神學連結，其異象經驗即可能被忽略或淡化；而受教會認可的神蹟，則被重複書寫、流通並記錄為神聖史的一部分，從而形成信仰與歷史敘事之間的高度耦合。

更進一步地，神異敘事也是宣傳權力的工具。封聖程序

第九章　神異與社會控制：夢境、幻覺與魔鬼的編碼

中的神蹟認證不僅是對聖者德行的肯定，也代表教廷對信仰記憶的編輯特權。透過選擇哪些聖人被記載、哪些顯靈被允許公布，教會得以塑造一套與其政治利益與神學路線一致的記憶體系。例如：在教會與地方政權發生權力衝突時，往往會加強宣傳特定聖人如何在異象中「支持教宗」、「顯靈護教」或「譴責叛徒」，透過神異故事介入政治鬥爭，使信仰敘事成為合法性競爭的一環。

這樣的操作也表現在群眾動員與社會教化上。神異敘事透過講道、朝聖、圖像與戲劇等形式擴散至信徒生活的每一角落，成為教化的核心媒介。一場顯靈故事若與地方災難、瘟疫、戰爭連結，即可透過「懲罰－悔改－救贖」的敘事模式，導引群眾行為走向懺悔、服從與祭獻。這些神異記憶的運作，讓教會得以在社會危機時刻調動群眾能動性，藉由聖人崇拜與神聖敘述鞏固社會秩序與道德規範。

值得注意的是，這種記憶政治並非單向灌輸，而是與地方社群互動與協商的結果。地方信徒常透過對神異經驗的再詮釋與再敘述，試圖將地方記憶納入普世教會的敘事架構。例如將農村災難與某位聖人顯靈連結，或將家族先人夢境轉化為神蹟傳說，藉此進入公共信仰記憶中，換取象徵資本與宗教資源。教會在吸納這些記憶時，亦會進行調整、修飾與審查，使之在地方性與正統性之間取得平衡。

第十節　神異敘事的記憶政治與公共宣傳

總體而言，神異敘事的記憶政治與公共宣傳，是中古基督宗教社會中一套精緻而強效的信仰治理技術。透過選擇性書寫、制度化傳播與敘事格式控制，教會得以重構信徒對歷史、空間與身分的理解，使宗教記憶成為統合社會的力量。神異，不僅是神與人的交會痕跡，更是制度與敘事交織出的記憶疆界與權力場域。

第九章　神異與社會控制：夢境、幻覺與魔鬼的編碼

第十章
教會之後：
信仰、記憶與中世紀世界的再鍛造

第十章　教會之後：信仰、記憶與中世紀世界的再鍛造

第一節　羅馬崩潰後的信仰統合策略

西元五世紀中葉，西羅馬帝國的政治崩潰與行政斷裂引發了整個地中海世界的深層動盪。當帝國的軍政結構瓦解、元老院功能衰退、城市體系無以為繼之際，唯一尚能提供穩定秩序與價值系統的，便是日益壯大的基督教會。在這場帝國瓦解的廢墟中，教會以其神學資源、制度架構與文化連結，逐步建構出一套新的信仰統合策略，使得基督宗教得以不僅倖存，且在中古世界中擔綱政治繼承與文明再造的關鍵角色。

首先，教會利用其跨地域的主教體系與教區網絡，有效填補了帝國行政崩解所留下的空間空缺。在義大利、加利亞與伊比利亞等地，地方主教往往成為唯一具備書寫、記錄、施政能力的社會菁英，接掌地方事務，維繫稅收、糧倉與庇護所的運作。這些主教所屬的教區本質上即為新型的政治單位，而教會提供的禮拜儀式、曆法秩序與倫理教導，則成為重建社會常規的核心工具。

其次，面對異教傳統的殘餘與新興蠻族政權的文化挑戰，教會展開積極的信仰統合工程。透過聖人崇拜的在地化、異教神殿的重建與聖化、祭祀節慶的基督教化（如將羅馬的農神節轉化為聖誕慶典）等手段，教會將地方民間信仰吸納入正統架構之內。這種策略既穩定社會，也使基督信仰具有高度文化彈性，成為蠻族統治者可接受的治理工具。

第一節　羅馬崩潰後的信仰統合策略

　　面對哥德人、汪達爾人與法蘭克人等蠻族政權，教會採取差異化的整合策略。對於接受亞流派（Arianism）信仰的蠻族王國，如西哥德與汪達爾王國，教會透過辯論、交涉與信仰堅守，維繫拉丁派的神學正統，並在政治機會成熟時推動教義統一；而對於願意改宗天主教的法蘭克人，如克洛維一世的受洗，則立即給予高度宗教認可與神聖化禮儀，使其政權獲得宗教正當性與人民支持。這種「信仰外交」的機制，使教會在新政權間建立起仲裁者與認證者的地位。

　　更進一步，教會積極編纂信仰核心文件與神學綱要，標準化教義語言以因應多元語境下的解釋分歧。教父們如奧斯定與利奧一世的著作被大量複製、傳播，成為判準信仰純正與異端界線的知識依據。同時，地方會議與羅馬教宗的詔令逐漸累積成一套可供訴諸的信仰法典，使教會得以以制度性形式維護信仰一致性。

　　值得注意的是，教會在信仰統合過程中並未單向主導，而是與在地權力、文化與族群進行策略性協商。地方貴族藉由贈與土地、興建教堂與子弟修道等方式換取教會支持；修士與主教則以書信、講道與朝聖活動形塑地方信仰文化。這種動態互動使教會信仰統合策略既具有制度嚴密性，也保有彈性與滲透力，成為政治與宗教共構社會秩序的核心載體。

　　總體而言，羅馬崩潰後的信仰統合策略，是教會回應歷史斷裂、重構秩序的關鍵實踐。透過主教網絡的治理延續、

■第十章　教會之後：信仰、記憶與中世紀世界的再鍛造

異教元素的基督化吸納、蠻族王權的信仰認證與教義文本的制度建構，教會成功將自身轉化為帝國解體後的唯一跨區權力體系，也為日後中世紀歐洲的基督宗教文明奠定長期結構基礎。信仰，從此不僅是個人得救之道，更成為整合世界、組織社會與編排歷史的文明工程。

第二節　教宗制度與跨國信仰霸權的誕生

在西羅馬帝國瓦解後的政治真空中，羅馬主教逐漸從地方宗教領袖轉化為全基督教世界的宗教權威，其制度性的轉變不僅奠定了教宗制度的歷史基礎，更使羅馬教廷成為中古歐洲最具持久性的跨國權力體系。這一過程不僅是一種信仰上的統一工程，更是一場教會政治結構與地緣權力場域重塑的歷史進程。

教宗制度的興起，根源於早期教會對「彼得傳承」的神學想像。根據馬太福音的記載，耶穌曾對使徒彼得說：「我要把我的教會建立在這磐石上」，此句被詮釋為賦予彼得神授的宗教領導地位。而彼得之墓位於羅馬，使得羅馬主教得以自詡為「彼得繼承人」，藉此獲得相對於其他主教的優位身分。雖然四世紀之前東西方教會各自擁有高度自治，但隨著西部帝國的崩潰，羅馬主教成為西方世界中唯一仍維持跨地域神職

第二節　教宗制度與跨國信仰霸權的誕生

網絡的核心節點。

進入五世紀末至六世紀，數位強勢教宗如利奧一世與額我略一世（Gregorius Magnus）進一步透過政治談判、神學著述與對蠻族政權的信仰影響力，穩固教宗的超然地位。利奧一世成功說服匈人王阿提拉撤軍，被視為神意與教宗權威的實證；額我略一世則重建羅馬教區行政結構、派遣傳教士至不列顛，擴張教宗影響至日耳曼地區，並透過編纂《規範信仰手冊》與《牧靈書簡》奠定教宗治理教會與社會的雙重角色。

教宗制度的關鍵不僅在於象徵性，更在於制度化行政機器的建立。羅馬教廷逐步建構由樞機主教、典籍官、信函祕書與審核使節組成的文書體系，使來自各地的教會上訴、信仰爭端與主教任命皆需經由教宗審核。此一行政中心的形成，使得教宗成為超越各地教區主教的裁決權源，並得以將自身意志化為全西方教會的運作準則。由此可見，教宗制度本質上是一種結合神學合法性與行政運作的跨國信仰治理模式。

此外，教宗制度的成形亦有賴於與世俗政權的策略性聯盟。六世紀以後，教宗與法蘭克王國建立緊密關係，最終促成八世紀查理曼加冕事件。當教宗利奧三世於西元800年在聖彼得大教堂親自為查理曼加冕，宣告其為「羅馬人的皇帝」時，象徵著教宗具有賦予皇權合法性的至高神權。這場儀式不僅顛覆了東羅馬帝國的宗教－政治統合模式，也在西歐建立起教宗與皇帝互為支撐的雙權架構。

第十章　教會之後：信仰、記憶與中世紀世界的再鍛造

　　這種結盟也催生出「教權高於王權」的觀念，特別在十一世紀格里高利七世推動的教會改革運動中達到高峰。該運動強調教宗在神職任命、教義釐定與信徒道德上的最高權威，並與神聖羅馬帝國爆發長達數十年的「敘任權之爭」。雖然雙方最終妥協，但此一爭議鞏固了教宗作為超越地域君主的跨國宗教權力象徵，其影響力遍及西歐所有王國與教區。

　　教宗制度的跨國霸權，也展現在信仰資源的掌握與再分配上。教廷控制聖地朝聖之路、聖物流通、贖罪券販售與封聖程序等宗教資源配置機制，使其得以動員財政、形塑信仰焦點並操控群眾心理。舉例而言，十字軍東征正是以教宗發布神聖戰爭的名義進行的超國界行動，其背後的組織力與話語權即源自於教宗制度的成熟體系。

　　總結而言，教宗制度的建立與跨國信仰霸權的誕生，是中古歐洲歷史中最具變革性的結構轉化之一。從彼得傳承的神學根基，到羅馬教廷的行政制度與與世俗政權的互動，教宗不僅成為信仰的最高詮釋者，也成為歐洲政治秩序的塑造者。這套制度化的神聖霸權，使教會得以超越疆界、語言與民族，建構出中古歐洲最具穿透力的精神帝國。

第三節
修會改革與社會救濟制度的制度化

　　中古歐洲的修會制度，不僅是宗教生活的實踐場域，更逐步演化為一套結合信仰倫理、經濟實務與社會照護的制度網絡。尤其在教宗制度逐漸鞏固後，各類修會在教會改革與社會治理中發揮日益關鍵的角色。修會的改革運動，不僅重塑修道者的宗教身分與倫理規範，更促成社會救濟制度的正式制度化，使教會在慈善與公共衛生層面奠定長遠的影響力。

　　修會改革的契機，往往來自對修道生活世俗化的憂慮。自本篤會（Benedictines）於西元六世紀創立以來，修道生活即強調祈禱與勞動（ora et labora）的平衡，並透過嚴格的會規維繫群體靈性。然而，隨著修院財產增加與地方勢力干預，部分修道院日益成為貴族子弟的庇護所，其生活風格偏離原始的苦修理想，引發教會與信徒的廣泛批評。在此背景下，新興修會如熙篤會（Cistercians）、嘉布遣會（Capuchins）與熙篤改革派（Cluniacs）紛紛興起，主張回歸原始清貧、強化內部自治與戒絕外在干預，並建立起更嚴格的會規與考核制度。

　　這些修會改革不僅止於宗教內部的倫理重整，更帶來社會功能的深化。修會透過土地管理與農業開發，使自身成為地方經濟的重要支柱；而其普遍設立的招待所、病院與施粥所，也成為中世紀最早的福利設施雛形。特別是在災疫頻繁、饑荒肆

第十章　教會之後：信仰、記憶與中世紀世界的再鍛造

虐的時代背景下，修道院常常成為唯一能夠提供醫療、食物與安置的機構，擔負起國家機器缺位下的公共責任。

隨著修會影響力的擴展，教廷與地方主教也積極推動對救濟實務的制度化規劃。教宗如依諾增爵三世與本篤十二世，分別制定若干法令，要求修會在救濟活動中保持會計透明、秉持公平與區分信徒與非信徒的救助範圍。這些規範不僅展現出慈善的神學依據──即模仿基督的施予行為，也展現出教會對慈善活動作為治理工具的高度自覺。施捨不再僅是個人德行的展現，而是教會制度運作的一環，強化其在群眾生活中的正當性與必要性。

特別值得注意的是，托缽修會（Mendicant Orders）如方濟會（Franciscans）與道明會（Dominicans）的興起，使救濟制度更具機動性與街頭性。這些修士主張徹底清貧，走入市街、貧民窟與城鎮廣場講道與施助，直接面對城市貧民與邊緣族群。他們不依賴土地收入，而以布施與簡樸生活維持修會運作，開創了不同於傳統修道院的城市型宗教實踐模式。方濟會在照護病患、安葬無主屍體與開辦平民學校方面極具貢獻，道明會則聚焦於信仰教育與異端懲治，使慈善與教義維護得以整合於一。

修會的救濟制度也逐漸滲入法理層面。例如：某些修道院獲授特殊權利，可免稅進口藥材、開設免費病房，甚至獲得國王或主教頒發的社會服務特許狀。教會法中亦開始出現

關於醫療倫理、貧民配給與慈善資金用途的條款，使修會的社會角色具有制度保障。這些改革促成慈善活動的常態化與專業化，也為後來中世紀市民社會的興起奠定制度基礎。

總結而言，修會改革與社會救濟制度的制度化，是中古教會回應內部倫理危機與外部社會挑戰的雙重回應。透過修會的清貧實踐、組織重整與慈善體系的推展，教會成功將信仰實踐轉化為制度化社會服務，使宗教倫理不僅止於個人靈修，也落實於群體照護與制度正義之中。修道者的飯桌、病床與布道講臺，成為信仰與社會相接的橋梁，也成就了中古歐洲最初的公益基礎設施。

第四節　聖徒傳記與宗教記憶的重寫機制

聖徒傳記（vitae sanctorum）作為中古基督宗教文化中的關鍵文類，不僅承載著靈性模範的塑造與教義的實踐，也深度參與宗教記憶的生產、轉化與重寫。這些文本由修士、主教或神學家根據聖人的生平、神蹟與殉道故事加以整理編撰，旨在強化信仰共同體的記憶認同，並透過敘事塑形構築符合當代神學與社會需求的信仰範式。

聖徒傳記的初始形式，多基於口述敘事、地方傳說與朝聖者見聞。這些故事充滿神異性與地方色彩，往往交織著歷

第十章　教會之後:信仰、記憶與中世紀世界的再鍛造

史記憶與民俗傳統。然而,隨著教會制度的成熟與教義劃界的嚴格化,聖徒傳記逐漸進入一個「重寫」的時代。所謂重寫,指的是對既有聖徒敘事的神學修訂、倫理過濾與結構標準化,目的在於使其符合正統教義與教會政策的需要。

這類重寫機制展現在數個層面。其一是敘事模式的典範化。絕大多數中世紀聖徒傳記皆採三段式結構:一為聖人出生與蒙召;二為苦修、奇蹟與德行實踐;三為死亡與顯靈。這種敘事框架有助於鞏固「聖性」的書寫規則,使每一位聖人都能成為可複製的靈性範本,而非地方性、偶發性的特殊人物。

其二為文本內容的神學一致化。許多早期傳記中具有濃厚的民俗與異教殘餘元素,如動物對話、夢境預兆、山林精靈等內容,在教會審查下被刪除、改寫或轉化為神學寓言。例如:一位地方女聖人若與當地泉水崇拜相關,其傳記可能會重構為「聖女擊退惡靈」、「因祈禱而湧出活泉」,以便與教會神蹟語彙接軌,並符合聖潔潔淨的神學理路。

其三則為聖徒社會功能的再定義。聖徒不僅是個人靈性的典範,更是地方社群的象徵人物與教會影響力的延伸工具。在封聖過程中,教會常會挑選具有地方代表性與教會忠誠度的候選人,其傳記也會著重於其與教會、主教或修會的連結。透過這些敘事,聖徒被塑造成與地方教區密切合作、弘揚正統教義與捍衛信仰秩序的宗教英雄。

第四節　聖徒傳記與宗教記憶的重寫機制

教會對聖徒傳記的重寫，亦涉及一套機構性的文本生產制度。特定修會如熙篤會與本篤會設有聖徒事蹟抄寫與記錄部門，負責收集、審核與改寫各地資料。最具代表性的如法國波威的《黃金傳說》(*Legenda Aurea*)，其編者雅各‧德‧佛拉金(Jacobus de Voragine)即整合大量資料，統整為可用於禮拜儀式、講道與節慶的聖徒故事合集。該文本之影響廣及歐洲各地，成為中古晚期聖徒記憶的標準文本。

此外，聖徒傳記的重寫也服務於教會對歷史的掌控。在政治紛爭與信仰危機時期，特定聖徒傳記常被重新詮釋以符合時代需求。十字軍時代的聖人，如耶路撒冷的殉道者與軍人聖徒，其傳記便強調捍衛聖地與驅逐異教的英雄行動，為戰爭提供道德與神學正當性。同樣，修會改革時期的聖徒傳記則突顯清貧、潔淨與反世俗化的主題，回應教會內部的倫理焦慮。

最後，這些文本透過抄寫、翻譯與視覺再現進入民眾生活，進一步強化其作為宗教記憶載體的功能。修道院圖書館、城市教堂與鄉村祭壇皆收藏或展示聖徒圖像與故事，用於禮拜、教育與懲戒。聖徒傳記因此不僅是信仰敘事的工具，更是教會操控集體記憶、形塑歷史理解與建構社群認同的策略媒介。

總結來說，聖徒傳記的重寫機制不僅是文本編輯的技術操作，更是一場信仰記憶的權力重分配。透過標準化敘事、

■第十章 教會之後:信仰、記憶與中世紀世界的再鍛造

神學一致性與社會功能定位,教會得以將多樣、動態與在地的聖徒經驗,納入統一的宗教記憶體系之中,進而將歷史轉化為可教化、可宣傳、可儀式化的信仰資源,為中古世界提供穩固而持久的靈性敘事基礎。

第五節　教會學校的知識再製與語言統一

在羅馬帝國崩潰與地方政權分裂的背景下,基督教會逐漸成為西歐中世紀社會中唯一具持續性且制度化的知識傳承機構。教會學校不僅保存了古典時代的語言、邏輯與修辭等基礎學術,更重構了知識的再製模式,使學習與信仰、語言與神學、教育與統治緊密交織,成為中古時期文化再鍛造的中樞樞紐。

早期教會學校大多附設於主教座堂(cathedral schools)與修道院(monastic schools),其最初目的是為培育合格的神職人員。這些學校教授七藝(artes liberales),即文法、修辭、邏輯(文法三藝)與算術、幾何、音樂與天文(數理四藝),並在此基礎上引導學生進入神學研究。由於神學被視為「知識的皇后」,其他學科皆為其服務,因此教會學校的知識結構具有明確的層級性與工具性。

第五節　教會學校的知識再製與語言統一

　　教會學校之所以能成為知識再製的主體，關鍵在於其對文本、語言與教義的全面控制。拉丁文作為教會禮儀與學術語言，成為貴族與知識階層受教育的唯一媒介。這種語言統一策略不僅強化了信仰的一致性，也讓不同地域的知識能夠彼此交流與傳遞，形成跨國的學術共同體。語言上的統一與神學教義的集中，使教會得以掌控知識流通的邊界，亦使知識本身成為教會治理的一種延伸形式。

　　除了語言外，教會學校也透過課本的標準化與講授方式的制度化進行知識再製。教材多由教會審定與授權，如波愛修斯（Boethius）的邏輯學、依西多祿（Isidore of Seville）的百科全書、奧斯定的注釋集等成為必讀經典。這些教科書的內容與解釋皆受到教會神學觀主導，學校教育於是成為一種知識與信仰共構的機制，而非中立的認知傳授過程。

　　知識的再製也伴隨社會階層的再生產。能夠進入教會學校接受教育者多為貴族子弟與上層平民，修士與神職人員亦透過這些學校取得晉升資格。因此，教育並非單純的學術培訓，而是社會資格的取得過程。教會透過控制學校進出機制與課程內容，進一步將知識作為社會整合與身分界定的工具。語言統一與教義教育一體化，使得文化與政治服從於教會的知識規範之下。

　　此外，教會學校亦為歐洲後來大學制度的發展提供原型。自十一世紀起，巴黎、波隆那與牛津等地相繼出現以教

■第十章　教會之後：信仰、記憶與中世紀世界的再鍛造

會學校為基礎所轉化的大學體系，其核心仍以神學為主軸，但亦逐步發展出法律、醫學與哲學等世俗學科。這些知識場域雖帶有日益明顯的自治意識，但其教材、語言與學位授予方式仍深受教會規範所主導，顯示出教會學校體制對後世教育制度的深遠影響。

　　總結而言，教會學校在中古歐洲扮演著知識再製與語言統一的雙重角色。透過對課程、語言與文本的掌控，教會不僅培養神職體系與社會菁英，也建構出一套跨地域、跨時代的知識秩序。這種秩序在維繫信仰一致性的同時，也使教育成為權力運作的延伸，確保了教會在文化與政治層面的雙重霸權。教會學校遂成為中古歐洲記憶鍛造與思想傳承的鍛爐，亦為現代教育體制留下深遠而複雜的歷史痕跡。

第六節　基督教歷史觀的時間建構策略

　　基督教在中古世界中之所以能夠深度塑形個體記憶與集體認同，其核心力量之一，即來自對「時間」的重新定義與制度化建構。從教會曆的安排、末世論的宣講，到聖徒事蹟的編年與神學史觀的建立，基督宗教透過時間的標記、分類與敘事，使其信仰體系轉化為一套高度組織化的歷史觀看方式，進而統攝社會、記憶與未來想像。

第六節　基督教歷史觀的時間建構策略

基督教時間觀最根本的特徵，在於其末世性與救贖導向。與希臘羅馬的循環時間觀不同，基督教強調歷史是一個有起點、有終點的線性過程，從創世、墮落、救贖到世界終結，均納入上帝計畫之中。這種神學性時間觀以《聖經》為基礎，特別是《創世紀》與《啟示錄》所提供的始末結構，不僅提供歷史正當性的起源敘事，也為末日時代的秩序預設出既定的結局。

為使信仰群體具體掌握這一歷史架構，教會推行制度化的時間記號系統。最明顯者為教會曆（liturgical calendar），其將每一年度劃分為特定信仰節期，包括將臨期、聖誕節、四旬期、復活節與聖靈降臨節等，每一節期均具有神學意義與禮儀實踐。透過這套曆法，信徒的日常時間被納入神聖敘事之中，節期不再只是農耕與季候的安排，而是救贖史的週期重現。

此外，聖人紀念日與殉道者年表也構成一種「神聖歷史時間」的建構形式。每位聖人被指派特定紀念日，並配合地方禮拜儀式進行儀典與敘事重述，使地方時間與神學時間相互疊合。這種方式將歷史碎片重新整合為連續的救贖故事，使地方社群能在自身時間經驗中參與普世性的信仰歷程。

教會亦透過年表與史書的書寫建構宏觀的神學歷史觀。尤以奧斯定的《上帝之城》（De civitate Dei）最具代表性，其將人類歷史區分為「兩個城」——上帝之城與世俗之城——分別代表神恩與人欲的對立歷程。這種二元架構深深影響後世

255

第十章　教會之後：信仰、記憶與中世紀世界的再鍛造

史學與神學敘事，使得任何歷史事件皆可被納入善惡對抗與末世預表的框架中，形成一套既解釋過去也預示未來的歷史語言。

此外，修會與大學中的歷史書寫者也多採取基督教時間觀進行史料編纂。年代記（annales）、年表（chronica）與聖徒列傳（vitae）皆遵循從創世開始的時間線索，將自然災害、王朝更替與宗教事件一體化地置入神意下的歷史序列。此類書寫不僅為未來世代保存記憶，更潛藏著教會對歷史解釋權與真理主導權的主張。

這套時間建構策略亦透過公共空間與社會節奏加以展現。城市的鐘樓報時制度、修道院的鐘聲祈禱時刻、農民配合節期的農務安排，無不將基督教時間觀落實於日常生活中。更進一步地，教會將日曆作為社會管理工具，例如透過宣告赦罪年、禁食日與朝聖年來引導群眾行為，使宗教節奏與政治治理相互交錯，強化其對社會節律的調控能力。

總結而言，基督教對時間的建構並非純粹神學思維的產物，而是一種綜合信仰實踐、社會制度與歷史書寫的權力策略。透過曆法、節期、年表與末世論的多重運作，教會成功將時間神聖化、歷史敘事化，並據此鍛造出一套既統攝過去也導引未來的世界觀。在這套世界觀中，歷史不只是事件的排列，更是救贖劇碼的進行，時間不只是流逝的單位，而是信仰實現的容器。

第七節　教會在國族形成中的文化作用

在中古歐洲，教會並不僅止於宗教機構，它更深刻地參與了國族意識的萌生與文化框架的建構過程。當世俗政權仍處於多頭割據、疆域不穩的狀態時，教會以其語言、教育、歷史敘事與禮儀系統，為各地政治實體提供了一套穩定的文化座標與認同符碼。這種作用不僅展現在君權神授的合法性提供上，更透過語言整合、象徵秩序與記憶編碼的方式，逐步形塑出「基督教民族」的文化雛形。

首先，教會在語言政策上的影響不可忽視。拉丁文作為教會禮儀與書寫語言，跨越了部族與地區界限，使不同語言群體得以在同一神學與法律語境中溝通。雖然各地逐漸發展出屬於自身的俗語文學與行政語言，如古法語、古高地德語或中古英文，但這些語言皆在教會語言與修辭訓練的規範下被定型與正當化。透過書寫與講道的制度化，教會在無形中標準化了地方語言的語法、書寫形式與概念結構，並將這些語言轉化為可承載神學與歷史敘事的工具，進而促成早期「國族語言」的形成。

再者，教會透過聖徒崇拜與地方教會史的撰寫，積極塑造地方與神聖歷史的連結。一座城市若擁有著名聖人的墳墓、顯靈故事或封聖儀式，便可憑藉此象徵資本獲得特殊的宗教地位。這些故事被反覆書寫、講述與慶典化，構成地方

第十章　教會之後：信仰、記憶與中世紀世界的再鍛造

居民共同的歷史認知與宗教情感。例如法國的聖但尼、英格蘭的聖奧爾本斯、德國的聖波尼法皆成為國族神話的一部分，其傳記與神蹟不僅提供靈性模範，更鞏固地方對國家與宗教共同體的歸屬感。

此外，教會教育系統亦對國族形成產生深遠影響。修道院與主教座堂學校中的課程內容不僅教授神學與語言，也涵蓋羅馬史、以色列史與基督教化的世界史，這些教材共同編織出一套以上帝救贖史為主軸、涵蓋帝國興衰與民族道德的歷史觀。在這樣的教育體制下，地方菁英被訓練成具有共通記憶、語言風格與世界圖像的群體，形成日後國家治理所需的文化中介階層。

教會節期與禮儀秩序更是建立社會節奏與國族共同生活時間感的重要機制。無論是復活節的聖火傳遞、聖誕節的彌撒儀典，抑或封聖日的地方遊行與戲劇演出，均將宗教行動轉化為空間與時間上的共享經驗，使來自不同階層與地域的民眾在教會儀式中感知「我們」作為一個群體的存在。這種禮儀性統合超越了血緣與地緣，提供國族社群在尚未形成國家疆界時的文化連帶基礎。

政治層面上，教會經常作為國王權威合法化的中介。在加冕儀式、封地授權或國王詔令的頒布中，教會透過神職的祝禱、宗教符號的使用與神聖歷史的套用，使君主統治獲得超越人間權力的神學認證。這些政治儀式的宗教包裝不僅提

升了君主在民眾心中的神聖形象,也使國族統治與信仰制度緊密結合。當國王成為「信仰的守護者」,其治下之國亦逐步轉化為「上帝子民」的具體化身。

最後,在對外敵對與內部秩序建構上,教會亦貢獻國族形成的文化區分邏輯。異教徒、異端與不服從者被標記為信仰共同體之外者,其存在反襯出「我們」的正統性與純潔性。這種劃界策略透過懺悔、審判與驅逐等制度實踐,深化內部認同與外部防衛。國族不再僅是地理或血統概念,而是被教會認證並持續建構的倫理共同體與靈性單位。

總結而言,教會在國族形成中的文化作用不僅限於宗教領域,而是在語言、記憶、教育、儀式與政治正當性各層面全面介入,為中古歐洲的國族建構提供基礎性文化結構。教會所編織的信仰敘事與社會實踐,使得「國族」在尚未制度化之前,已先在心靈與想像中成形,成為中古世界最強韌的文化結盟形式。

第八節　信仰地圖如何塑造中世紀世界觀

在中古歐洲,信仰不僅形塑了個人的靈性實踐與社群秩序,更透過「地圖」這一媒介,深刻影響了人們對世界的空間理解與文化分類。地圖作為知識、視覺與權力的交會點,其

第十章 教會之後:信仰、記憶與中世紀世界的再鍛造

製作與流通並非單純地理資訊的重組,而是基於神學框架與教會視角對世界進行的象徵重構。透過信仰地圖的繪製與解讀,中古人將看似無序的世界轉化為可掌握、可朝聖、可征服的神學空間,進而建構出屬於基督宗教文明的世界觀。

最具代表性的例子為所謂「T-O 地圖」(T-O map),其結構將世界分為三大洲:亞洲、歐洲與非洲,分別由地中海、尼羅河與頓河劃界,而整體世界呈現圓形,耶路撒冷位於中心。這種結構顯然並非出於地理精度考量,而是為了展現神聖秩序:亞洲代表神的起源、歐洲象徵信仰的傳承、非洲則常與異教、神祕與野性連繫。T-O 地圖中的東方(朝向上方)亦為伊甸園所在地,象徵時間與空間的神學原點,這種地理上的重心安排,實則是一種信仰優序的圖像呈現。

中世紀信仰地圖也常與聖經地理、聖徒旅行記與朝聖路線相交織。例如《伊索多祿百科全書》與《聖經圖誌》等書中,即包含大量將經文空間化的視覺工具,試圖將《舊約》中的埃及、以色列與巴比倫等地理座標,轉化為信仰歷程的空間軌跡。這些地圖的目的並非引導實地旅行,而是提供信仰思辨與象徵連結,使每一座城市、山脈或河流都嵌入神學敘事之中。

信仰地圖亦直接服務於教會對空間秩序的制度規劃。主教轄區的劃分、朝聖地的定位與教堂設置的分布,皆受到教會中心—邊陲邏輯的引導。例如聖地耶路撒冷被放置於世界

第八節　信仰地圖如何塑造中世紀世界觀

中心，代表救贖史的核心據點，而羅馬、聖地牙哥、坎特伯里等則被標示為通往中心的朝聖節點，形成具神學意涵的地理階層。這些節點之間的路線亦在地圖上標示，構成一種「神聖通道網絡」，將各地信徒的移動納入信仰工程之中。

信仰地圖的視覺呈現亦充滿象徵語彙。怪獸與異族常被繪於世界邊陲，如食人族、單足人與獨眼巨人等，這些圖像不僅反映中古人對「異己」的幻想，也建構出一種文化疆界，使基督教世界與異教野地區隔分明。透過這些圖像的重複呈現，信仰地圖傳達的不只是資訊，而是一套視覺化的道德地圖，引導信徒認識「世界應如何被理解與分類」。

更進一步地，信仰地圖也形塑了中古人對時間與歷史的空間化想像。透過地圖中標示的事件地點，例如耶穌誕生、受難、復活的地點，信徒能以地理方式「回溯歷史」，並在朝聖中「重歷」救贖事件。這種空間－時間的重組，使朝聖行動成為歷史參與的具體實踐，也使世界地圖成為信仰記憶的拓樸圖。

總體而言，信仰地圖並非中古世界中對「現實」的描摹，而是對神學秩序、道德區分與歷史觀念的視覺化組構。教會透過此種地圖將世界嵌入救贖史框架，使空間的理解從功能性轉化為神聖性，進而形塑出中古歐洲人對於世界、他者與自我的整體想像。在這種地圖下，世界不只是地理，而是一座神學化的舞臺，每一塊土地都在演出其與神恩、異端與救贖相關的角色。

第十章　教會之後：信仰、記憶與中世紀世界的再鍛造

第九節
從帝國儀式到宗教節慶的再制度化

　　羅馬帝國崩潰之後，宗教儀式逐漸接替了原有帝國公禮的社會功能與政治象徵。在失去統一皇權與世俗統治儀節的局面下，基督教會重新編排節慶曆法與儀式制度，不僅維繫信徒的日常生活節奏，也接手了過往帝國所承擔的集體認同、政治正當性與歷史記憶之塑造功能。這一過程構成了從帝國禮儀向宗教節慶的制度性轉化，使宗教節日不只是靈性實踐，也是中古政治與文化整合的儀式載體。

　　首先，教會藉由節慶曆的再組織，重新界定時間的神聖意義。聖誕節、復活節、升天日與五旬節等重大節期，均取代或融合原有的羅馬節慶，如農神節（Saturnalia）與春季曆法節，賦予其基督信仰的內涵與禮儀實踐形式。這種取代並非破壞性的，而是透過象徵轉化與儀式重構，讓地方社群能在熟悉的時間節奏中內化新宗教的神學秩序。

　　其次，宗教節慶藉由儀式展演，重現歷史事件，提供信徒可觸、可參與的信仰體驗。例如復活節的聖週慶典，以苦路行走（Via Crucis）、受難劇（Passion Play）與聖火儀式等形式，讓信徒進入耶穌受難與復活的情境；聖誕節則以馬槽劇（Nativity Play）、聖詠與兒童遊行，將基督降生的神蹟展現在

第九節　從帝國儀式到宗教節慶的再制度化

街頭與教堂。這些儀式使歷史成為當下的可感實踐，也讓教會得以藉由神聖重演掌握群眾情感與公共秩序。

再者，節慶的制度化也與城市治理與社會層級緊密相連。教會在重大節日中設置官方遊行路線、主教領禱與貴族贊助機制，使節慶成為地方權力展示的場合。中世紀城市常以宗教節日為界規劃市場、法令與納稅期，甚至以主保聖人日為城市生日，彰顯宗教節慶之於地方統治與歷史意識的雙重功能。

此外，宗教節慶亦作為信仰教化與邊界劃定的場域。在節慶中，異教殘餘、異端思想或社會反叛常被藉由儀式排斥、諷刺或懺悔，例如狂歡節（Carnival）中的逆序遊行即象徵性地將非理性與混亂納入制度框架，既釋放張力，也強化教會規範的邊界。節慶的控制與重構使社會動力得以被規範在教會允許的秩序之中，成為信仰與社會的交集點。

總結來說，從帝國儀式到宗教節慶的轉化，不僅顯示出基督教會如何接管政治儀式的功能，也展現其制度創新與文化適應的高度靈活性。宗教節慶在中古社會中不只是神聖日的安排，更是歷史記憶、社會組織與文化認同的交會場域。透過儀式化的重演與時間的神聖標定，教會成功地將信仰制度化為日常經驗，也將帝國的時間感與社會秩序再鍛造成屬於中世紀的神聖節奏。

■第十章　教會之後：信仰、記憶與中世紀世界的再鍛造

第十節
信仰傳統如何成為歐洲文明核心記憶

　　中古歐洲的基督信仰，不僅是個體得救的靈性依歸，更逐步轉化為整體文明的記憶支柱與文化原型。當帝國瓦解、語言多樣與地方政治碎裂成為現實困境時，信仰所提供的敘事、象徵與實踐形式，成為超越差異、統整記憶與建構認同的穩定來源。這種轉化歷經制度化、敘事化與視覺化等多重過程，使基督教不僅是信仰選項，而成為歐洲文明的核心記憶機制。

　　首先，信仰傳統以聖經故事與聖徒事蹟為素材，提供跨時代的歷史記憶框架。無論是亞伯拉罕的信德、摩西的律法、耶穌的犧牲，還是保羅的傳道與各地聖徒的殉道，都構成一條清晰而神聖的歷史軸線，使歐洲各地人民得以透過共同的文本記憶獲得身分連結。這些敘事在講道、學校教育與節慶儀式中反覆演出，使之成為不可遺忘的文化記號。

　　其次，教會藉由制度機構的持續性，保障信仰記憶的穩定與再生。教區與修會的文書系統不斷抄錄聖典、記錄神蹟與歷史事件，圖書館與經院哲學亦不斷生成與整理知識，使教會成為記憶保存的機器。中世紀的教會建築如大教堂，亦以其壯麗規模與雕刻敘事承載集體信仰記憶，將天堂之景、

第十節　信仰傳統如何成為歐洲文明核心記憶

人類墮落與審判末日轉化為可見、可步入的空間經驗。

更進一步，信仰記憶透過日常生活實踐被內化為文化習慣。從兒童受洗到成人告解，從婚姻聖禮到臨終聖油，每一個人生階段皆由信仰儀式加以標記與引導，構成個人生命史的宗教節點。這些實踐不僅提供靈性意義，也形塑社會規範，使信仰內化為倫理習俗與日常邏輯。信仰成為生而為人的根本語法，也成為群體之間理解彼此的公共語言。

此外，信仰記憶亦透過視覺文化廣泛傳播與滲透。壁畫、彩窗、聖像與宗教戲劇，均將抽象的神學轉化為具象的感知經驗，使文盲群眾亦能「閱讀」信仰。這些視覺裝置成為信仰教導、歷史再現與道德警示的載體，使教會空間成為一座活的記憶博物館，在視覺與聲音的協奏中形塑群體感知。

最後，信仰記憶的制度再製與地理擴散，使其逐漸構成歐洲自我認同的基礎。透過聖人共同體的跨地連結、十字軍的宗教動員、宗教改革前的普世主義信仰框架，基督宗教提供一種「我們—歐洲」的文化原型。無論是對穆斯林世界的對抗、對異教土地的拓殖，抑或對內部異端的排除，均以信仰為記憶基礎與行動正當性。歐洲文明遂逐步以「基督教記憶」為內核，自我描繪並與他者劃界。

總結而言，信仰傳統之所以成為歐洲文明的核心記憶，不在於其排他性或普世性，而在於其具備高度的敘事延展

第十章 教會之後:信仰、記憶與中世紀世界的再鍛造

性、制度再生性與文化實踐性。它能貫穿歷史、滲透日常、對抗遺忘,並在不斷重述與重演中,讓一個多元、分裂與不確定的中古世界,得以透過信仰記憶形成集體認同。信仰不僅是靈魂的方向,更是文明的時間軸與文化之源。

第十節　信仰傳統如何成為歐洲文明核心記憶

國家圖書館出版品預行編目資料

信仰的權柄遺緒 —— 廢墟中矗立的神權秩序：從多神論到基督建構，宗教如何完成一場文明權力結構的轉移 / 謝奕軒 著. -- 第一版. -- 臺北市 : 山頂視角文化事業有限公司, 2025.07
面； 公分
POD 版
ISBN 978-626-7709-31-3(平裝)
1.CST: 宗教社會學
210.15　　　　　　114009856

電子書購買

爽讀 APP

信仰的權柄遺緒 —— 廢墟中矗立的神權秩序：從多神論到基督建構，宗教如何完成一場文明權力結構的轉移

臉書

作　　者：謝奕軒
發 行 人：黃振庭
出 版 者：山頂視角文化事業有限公司
發 行 者：山頂視角文化事業有限公司
E - m a i l：sonbookservice@gmail.com
粉 絲 頁：https://www.facebook.com/sonbookss/
網　　址：https://sonbook.net/
地　　址：台北市中正區重慶南路一段 61 號 8 樓
8F., No.61, Sec. 1, Chongqing S. Rd., Zhongzheng Dist., Taipei City 100, Taiwan
電　　話：(02) 2370-3310　　傳　　真：(02) 2388-1990
印　　刷：京峯數位服務有限公司
律師顧問：廣華律師事務所 張珮琦律師

-版權聲明

本書作者使用 AI 協作，若有其他相關權利及授權需求請與本公司聯繫。
未經書面許可，不得複製、發行。
定　　價：375 元
發行日期：2025 年 07 月第一版
◎本書以 POD 印製